Christa Wolf   Charlotte Wolff

Ja, unsere Kreise berühren sich

Christa Wolf   Charlotte Wolff

Ja, unsere Kreise berühren sich

BRIEFE

Luchterhand

Anmerkungen von Martin Mittelmeier
Satz: Filmsatz Schröter, München
Druck und Bindung: GGP Media, Pößneck

ISBN 3-630-87182-8

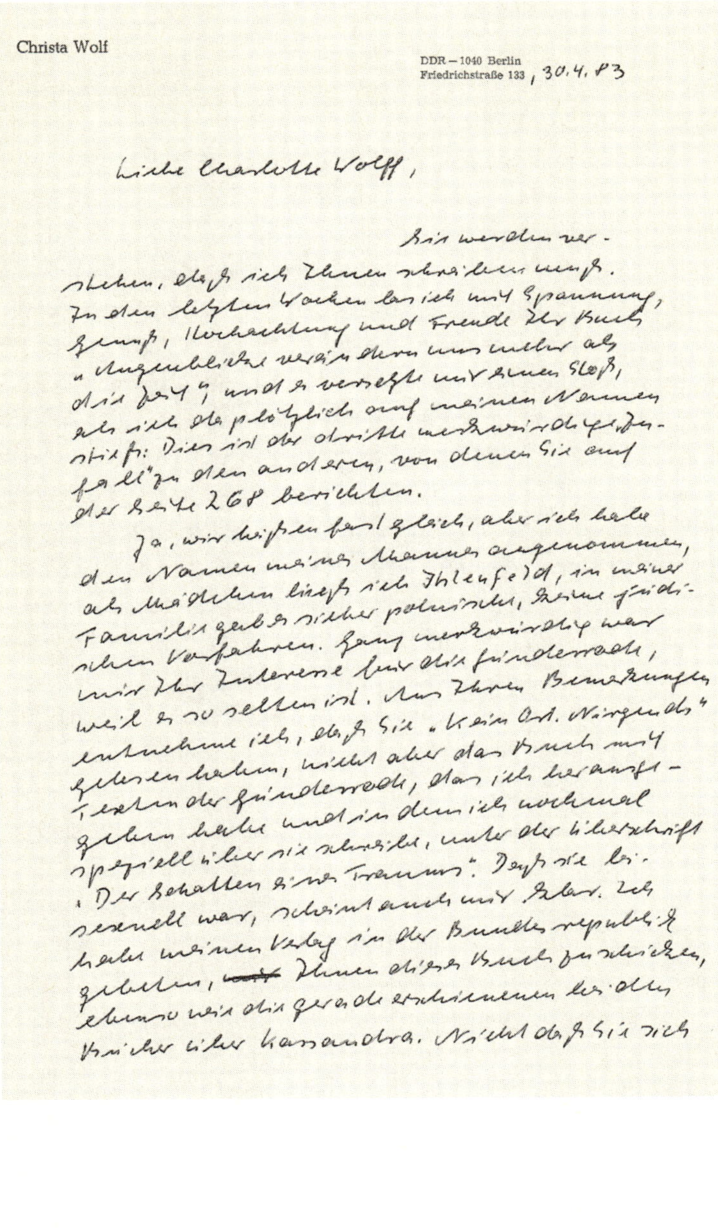

Christa Wolf

DDR – 1040 Berlin
Friedrichstraße 133, 30.4.83

Liebe Charlotte Wolff,

Sie werden verstehen, daß ich Ihnen schreiben muß. In den letzten Wochen las ich mit Spannung, Genuß, Hochachtung und Freude Ihr Buch „Augenblicke verändern uns mehr als die Zeit", und es versetzte mir einen Stoß, als ich da plötzlich auf meinen Namen stieß: Dies ist der dritte merkwürdige Zufall zu den anderen, von denen Sie auf der Seite 268 berichten.

Ja, wir heißen fast gleich, aber ich habe den Namen meines Mannes angenommen, als Mädchen hieß ich Ihlenfeld, in meiner Familie gab es sicher polnische, keine jüdischen Vorfahren. Ganz merkwürdig war mir Ihr Interesse für die Günderrode, weil es so selten ist. Aus Ihren Bemerkungen entnehme ich, daß Sie „Kein Ort. Nirgends" gelesen haben, nicht aber das Buch mit Texten der Günderrode, das ich herausgegeben habe und in dem ich nochmal speziell über sie schreibe, unter der Überschrift „Der Schatten eines Traumes". Daß sie bisexuell war, scheint auch mir klar. Ich habe meinen Verlag in der Bundesrepublik gebeten, ~~mit~~ Ihnen dieses Buch zuzuschicken, ebenso wie die gerade erschienenen beiden Bücher über Kassandra. Nicht daß Sie sich

1 Christa Wolf an Charlotte Wolff

[Berlin], 30. 4. 83

Liebe Charlotte Wolff,

Sie werden verstehen, daß ich Ihnen schreiben muß. In den letzten Wochen las ich mit Spannung, Genuß, Hochachtung und Freude Ihr Buch »Augenblicke verändern uns mehr als die Zeit«, und es versetzte mir einen Stoß, als ich da plötzlich auf meinen Namen stieß: Dies ist der dritte merkwürdige »Zufall« zu den anderen, von denen Sie auf der Seite 268 berichten.

Ja, wir heißen fast gleich, aber ich habe den Namen meines Mannes angenommen, als Mädchen hieß ich Ihlenfeld, in meiner Familie gab es sicher polnische, keine jüdischen Vorfahren. Ganz merkwürdig war mir Ihr Interesse für die Günderrode, weil es so selten ist. Aus Ihren Bemerkungen entnehme ich, daß Sie »Kein Ort. Nirgends« gelesen haben, nicht aber das Buch mit Texten der Günderrode, das ich herausgegeben habe und in dem ich nochmal speziell über sie schreibe, unter der Überschrift »Der Schatten eines Traums«. Daß sie bisexuell war, scheint auch mir klar. Ich habe meinen Verlag in der Bundesrepublik gebeten, Ihnen dieses Buch zu schicken, ebenso wie die gerade erschienenen beiden Bücher über Kassandra. Nicht daß Sie sich genötigt fühlen, das alles zu lesen; aber ich habe das Bedürfnis, einige meiner letzten Bücher bei Ihnen zu wissen.

Ihr Buch hat mir einige Lichter aufgesteckt. Fasziniert hat mich die beinahe kühle Distanz zu sich selber, die Gerechtigkeit, die Sie anderen widerfahren lassen können. Ich werde mir andere Bücher von Ihnen besorgen, Ihre Thematik interessiert mich sehr.

Für mich war mein Name ausgerechnet in Ihrem Buch ein Wunsch-Signal, Sie kennen zu wollen. Selten ist mir das in dieser Stärke geschehen. Es wird nicht möglich sein, aber vielleicht ist es möglich, daß wir in einem Kontakt miteinander bleiben. Ich bin sehr froh, Ihnen begegnet zu sein.

Von Herzen wünsche ich, Sie mögen gesund und arbeitslustig sein. Ich grüße Sie über viele Kilometer hinweg,

Ihre Christa Wolf

2 Charlotte Wolff an Christa Wolf

[London,] 18. Mai 83

Liebe Christa Wolf

Heute kam Ihr Brief und es ist eine so freudige Überraschung von Ihnen, (was und wie Sie es mir sagen) – zu hören! Ich schreibe Ihnen sogleich weil ich Ihnen sagen will, daß ich Sie »gefunden« habe – Ich habe »Der Schatten eines Traumes« und »Materialien«, »Lesen und Schreiben« und »Geschlechtertausch«. Ich freue mich sehr auf Ihre Kassandra Bücher – und ich danke Ihnen.

Am 2. Februar 83 hielt ich einen Vortrag im PEN Internat. Zweig London, »Bisexuality and Androgyny as the basic Premise for understanding People with Examples from Modern Novels«.

Ihr »Kein Ort. Nirgends« u. »Der Schatten eines Traums« – auch »Geschlechtertausch« sind meine Haupt-Beispiele darin. Ihr Werk ist mir nahe – Und ich schicke Ihnen (bei Einschreiben) diesen Vortrag – Dann werden Sie wissen – wie ich es und Sie! sehe und »fühle«.

Ihr Brief hat mich bewegt – Ihre Wärme und daß Sie mich sehen wie ich bin. Wie gern ich im Kontakt mit Ihnen bin, können Sie wohl aus alldem schon wissen. – Ich arbeite an einer Biographie über »Magnus Hirschfeld« – Sie bekommen meine

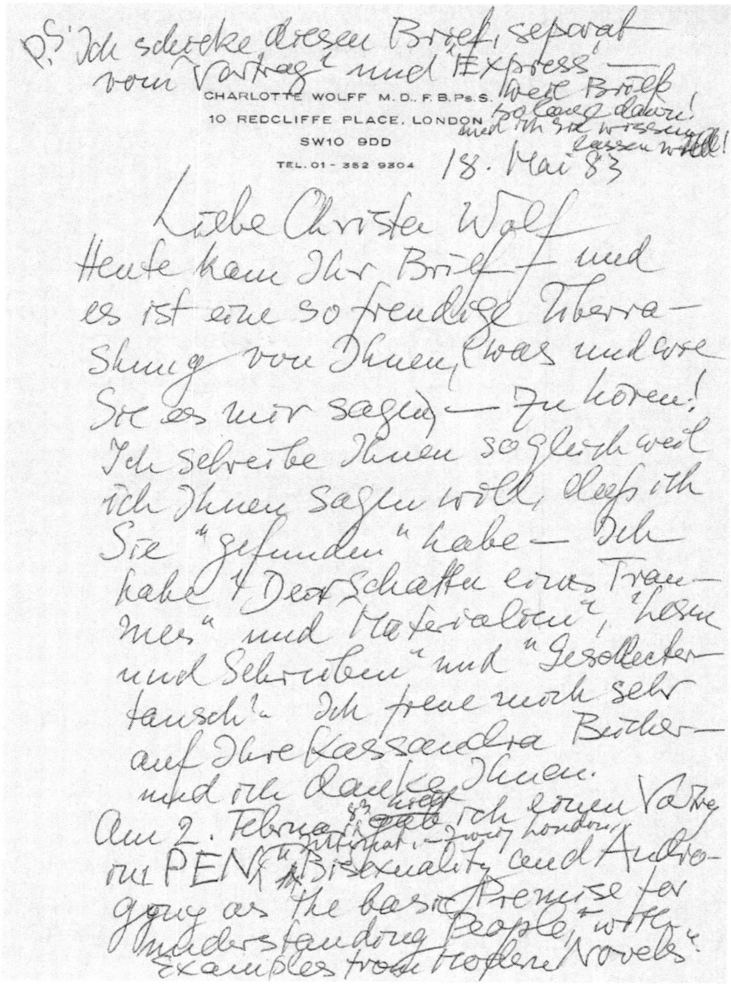

P.S. Ich schicke diesen Brief separat vom "Vortrag" und Express — weil Brief so lange dauert! und ich Sie wissen lassen will!

CHARLOTTE WOLFF M. D., F. B. Ps. S.
10 REDCLIFFE PLACE, LONDON
SW10 9DD
TEL. 01 - 352 9304

18. Mai 83

Liebe Christa Wolf
Heute kam Ihr Brief — und es ist eine so freudige Überraschung von Ihnen, (was und wie Sie es mir sagen) — zu hören! Ich schreibe Ihnen sogleich weil ich Ihnen sagen will, daß ich Sie "gefunden" habe — Ich habe "Der Schatten eines Traumes" und "Materialien", "Lesen und Schreiben" und "Geschlechtertausch". Ich freue mich sehr auf Ihre Kassandra Bücher — und ich danke Ihnen.
Am 2. Februar 83 hielt ich einen Vortrag im PEN "international" — in London, "Bisexuality and Androgyny as the basic Premise for understanding People," with examples from modern Novels.

Bücher – bitte besorgen Sie sie nicht. Ich schicke Ihnen »Bisexualität« in deutsch und »Love Between Women« (Die Psychologie der lesbischen Liebe) ((furchtbarer Titel))! Die deutsche Übersetzung des Buchs ist ausverkauft. Und so ist, Gott sei Dank »Die Hand des Menschen«. Das Buch war so unsinnig übersetzt, daß ich die Veröffentlichung verbieten wollte. Aber in 1973 (wenn es herauskam) wollte ich mich noch nicht auf einen eventuellen Prozess in Deutschland einlassen –

Meine andern Bücher über »A Psychology of Gesture« und »The Hand in Psychological Diagnosis« sind lange nicht mehr im Druck – Sie, Christa Wolf, haben viel für mich getan, ohne es zu wissen.

Falls Sie möchten, wenn Sie nach London kommen, würden Sie mir vielleicht einen Telephonanruf geben?? Und wenn Sie kommen, würde ich Sie so gern persönlich sehen!! Sonst, bitte – schreiben, wenn es sich so anlässt – Bei mir, sicher –

Und ich schreibe Ihnen noch einmal bald, nachdem ich die Kassandra Bücher gelesen habe – Und falls mir noch etwas kommt, das ich Ihnen sagen möchte.

Dies heute – weil ich nicht anders konnte als Ihnen sofort zu sagen wie Sie mich erfreut haben. Und Sie wissen zu lassen, daß ich Ihnen die beiden genannten Bücher schicke. Aber zuerst morgen schon – eine Kopie meines Vortrages!

Ich grüße Sie herzlich
Ihre Charlotte Wolff

PS: Ich schicke diesen Brief, separat vom »Vortrag« und »Express«, weil Briefe so lange dauern und ich Sie wissen lassen will!

3 Christa Wolf an Charlotte Wolff

28. 6. 83

Liebe Charlotte Wolff,

gestern kam ich von einer sechswöchigen Reise aus den USA zurück und fand in einem Berg von Post Ihren Brief, der mich so freut, daß ich ihn gleich, wenigstens kurz, beantworten will. Auch Ihr Vortrag ist da und die beiden Bücher, die Sie mir schickten. Ihr Buch über die Hand des Menschen in der deutschen Übersetzung habe ich mir inzwischen aus der Bibliothek geborgt und heute nacht ein wenig darin gelesen. Wie überrascht ich war, daß meine beiden Hände verschieden sind! Daß ich es noch nicht bemerkt hatte.

Übrigens hatte ich in den USA Frauen angetroffen, die Ihre Bücher da hatten, so daß ich auch dort in den englischen Ausgaben lesen konnte. Wir sprachen von Ihnen, und ich wunderte mich, daß ich Sie erst jetzt kennenlerne. Aber es ist nicht zu spät.

Ob ich bald mal nach London komme, weiß ich nicht. Ich habe verschiedene Einladungen, aber ich muß auf meinem Hintern sitzen und arbeiten. Trotzdem – London zieht mich jetzt an, dadurch, daß Sie da sind. Wenn ich kommen sollte, lasse ich es Sie wissen.

Bleiben Sie gesund. Über jeden Brief von Ihnen werde ich mich freuen

Herzlich
Ihre Christa Wolf

4 Charlotte Wolff an Christa Wolf

23. Juli 83

Liebe Christa Wolf,

Ja – endlich ein kleiner Brief von mir. Mein Lesen geht im Schneckentempo – Und mein Schreiben an Sie kommt, wenn es so im Innern gesagt wird. – Ich habe die Frankfurter Poetic-Vorlesungen langsam gelesen – jetzt tue ich dasselbe mit »Kassandra«. Ihr »Gewebe« ist die Nähe und die Ferne, die zusammen den Sinn, soweit wir ihn ahnen, zusammenbringt. Ich erlaube mir nicht, Ihnen zu erzählen – wie nahe mir ist, wie Sie sehen, denken, sprechen – Vielleicht, ich schmeichele mir – wahrscheinlich wissen Sie etwas davon. Die erste und letzte »Vorlesung« haben mich wie direkt angesprochen. Etwas muß ich doch sagen – ich meine mehr direkt – Ja, es ist die orale Geschichte, die die Imagination aufstöbert – zum Nie-vergessen. Es gibt nur das ähnliche im Gedicht. Und ich glaube – etwas mehr als glauben – dass die erste Seherin die erste Dichterin war – Kassandra – Sie, Christa Wolf, haben schon lange etwas Wichtiges für mich getan –

Sehen Sie, als ich ins »Exil« (das mir ja großartig bekam) ging – war die deutsche Sprache mir nicht nur verloren – sondern ein Greuel. –

Die Nazis hatten sie so verunglimpft – beschmutzt – entseelt, daß ich an eine Resurrektion garnicht glauben konnte. Für mich sind Sie diejenige, die weitaus am meisten die deutsche Sprache neu ins Leben gebracht hat. Alles andre können Sie ja auch von andern über sich hören – nein – nicht richtig. – Aber ich will nichts weiter sagen, weil ich es aus Scheuheit nicht mag.

Auch glaube ich, daß Sie (und ich auch) »siegen« wie »lobpreisen« demonstrativ, ungesund, absolut tödlich finden. Es ist im dauernden Suchen, im nie-finden – wo man lebt in sich selbst –

und für die, die auch so gebaut sind. Vor etwa 10 Tagen habe ich Ihnen das Original »The Human Hand« geschickt. Ich hoffe, Sie haben es bekommen.

So merkwürdig: ich hörte eine Serie am Radio »The King must die« von M. Renault. Theseus – das Labyrinth – die Mutter, die ihn zu den (schon verbotenen) Urmüttern, den Schicksalsgöttinnen führt – das – als ich Ihre »Vorlesungen« las. Und da hatte ich auch den Besuch von Christine Koschel, Freundin von Ingeborg Bachmann – sie sagte, daß Sie im August nach Rom fliegen, um I. B. zu feiern.

Und sie hat mir deren gesammelte Werke geschickt – Ich las, vor 2 Tagen das Gedicht »Wer erklärt mir Liebe«! Oh – das ging in den Solar plexus. Ja – diese Zusammentreffen all – herum! Wir wissen nicht, Gott sei Dank, wie – aber es ist ein Trost daß es so vor sich geht.

Das Geheime – nicht Gekannte – ist die wunderbare Frage die nicht beantwortet werden kann – à qui tu le dis! Wir wissen's doch –

Nun genug für heute – Ich schicke dies »express« weil alles mit der Post so lange dauert – Ich will's nicht »kalt« werden lassen, bevor es zu Ihnen kommt.

Herzlich –
Charlotte Wolff

5 Christa Wolf an Charlotte Wolff

31. 7. 83

Liebe, verehrte Charlotte Wolff,

als Sie Ihren Brief an mich am 18. Mai schrieben, da war ich gerade in den USA, zuerst in Columbus, Ohio, wo ich Vorlesungen hielt, danach in Los Angeles, San Francisco und New York. Unterwegs traf ich Frauen, die Ihre Arbeiten kannten, und ich las einiges, teils in Englisch, teils in Deutsch, zum Beispiel: Love between Women und Bisexualität. Auch das Interview, das in New German Critic, glaube ich, stand, habe ich gelesen, also Sie waren mir sehr gegenwärtig, wir sprachen über Sie. Dann kam ich zurück, und man hatte mir aus der Bibliothek Ihr Buch über die Hand in Deutsch besorgt, ich nahm es mit zu meinem mecklenburger Bauernhaus, las es aufmerksam und fing an, die Leute um mich herum mit meiner »Handleserei« zu belästigen. Wie auch immer Sie selbst diese Übersetzung beurteilen – mir hat sie zumindest einen neuen Blick eröffnet – den Blick auf meine eigenen Hände und die meiner Mitmenschen. Wie vieles mir da vorher gar nicht aufgefallen war! Das Buch war mir wichtig.

Dann passierte uns ein Unglück: Es war doch dieser heiße, regenlose Sommer, ein Funken fiel aus dem Schornstein auf das Rohrdach unseres alten Bauernhauses, und es brannte ab. Niemand von unserer Familie kam zu Schaden – wir waren gerade sehr zahlreich dort versammelt, mit altem Vater, Tochter, Enkelkind von acht Monaten. Auch meine Manuskripte retteten wir – aber neben vielen anderen Büchern verbrannte Ihr Buch über die menschliche Hand in deutscher Sprache. Es tat mir sehr leid. Da fand ich, als ich nach Berlin zurückkam, das Buch in Englisch vor, von Ihnen geschickt. Dies war mir nun wiederum eines der merkwürdigen Zeichen, die es zwischen uns zu geben scheint, und nur darum habe ich Ihnen diese Geschichte so ausführlich geschildert.

Dazu kam ein Brief, in dem Sie Ihre Kassandra-Lektüre beschreiben, ich danke Ihnen. Sie ahnen sicher, was es mir bedeutet, wenn Sie von einer Wiedergewinnung der deutschen Sprache auch durch meine Arbeiten sprechen – es ist viel mehr, als ich je glaubte erreichen zu können, so etwas kann man sich ja nicht wünschen, gerade jetzt, da ich Ihnen schreibe, habe ich das Gefühl, daß die Lähmung von mir weicht, die mich doch die letzten zwei Monate, seit das Haus abbrannte, das unsere eigentliche Heimat war, umfangen hielt. Ich sehe, Heimat ist diese geistig-seelische Verbundenheit, die sich als Netz zwischen Menschen spannt. Ich lese, daß Sie die Bachmann für sich entdecken, und bin froh darüber.

Ich denke, eigentlich müßten wir uns persönlich kennenlernen, und überlege, ob ich mir nicht in absehbarer Zeit eine Reise nach London einrichten soll. Wer weiß, vielleicht tu ich es, und wir sprechen über die menschliche Hand.

Diesmal hat meine Antwort lange gedauert, das wird in Zukunft anders sein.

Ich danke Ihnen für vieles, sehr wünsche ich, daß Sie gesund und in produktiven Gedanken sind.

Herzlich
Ihre Christa Wolf

Verzeihen Sie, daß ich mit der Maschine geschrieben habe

6 Charlotte Wolff an Christa Wolf

11. Sept. 83

Liebe Christa Wolf,

Ich fand daß ich auf einen Brief von Ihnen warten sollte, bevor ich selber schrieb. Dann kam er – Ich habe mich so sehr gefreut daß ich ihn in der Hand hielt – lange – Dann las ich – Dies Schicksal, sein Haus abbrennen zu sehen – die Hilflosigkeit!! Kein Wunder daß Sie sich für 2 Monate wie gelähmt fühlten. Vielleicht wissen Sie, daß in 1969 Aldous Huxley dasselbe Schicksal, nur schlimmer als Sie, in Kalifornien hatte – Laura H. sah es von weitem, war so »gelähmt«, daß sie nichts tun konnte. – Huxley verlor alles, außer einem MS. »The Island«! Alle Tagebücher, Briefe von Maria H. – seine andern MS's etc – verbrannt –

Es ist durch Ihre Bücher, daß für mich die deutsche Sprache neu ins Leben gerufen ist – u. nicht, wie Sie denken, »auch« durch Ihre Bücher. Kein Böll, Frisch, Grass, nicht einmal, soviel ich von Prosa der Ingeborg Bachmann gelesen habe, hat das für mich fertig gebracht.

Ihre »Kassandra« las ich als ob ich tanzte – Der Rhythmus überwältigte erst – das Gesagte – Und die »Figuren« waren (sind) nur rituelle Tänzer – Nur Kassandra u. Aenaeas ragen in »das Kosmische« – sind wie »religiöse« Sinnbilder und doch dreidimensionale Menschen. Kassandra weiß – sie hat immerzu gelernt – und ihr Tod ist ihr Anfang. Sie ist frei von allem was sie abwerfen mußte – sie STEHT! Sie weiß wo sie steht – und die Wege weiter sind noch im Dunkeln – Ja, so muß es sein. Wenn sie bewußt oder gewusst wären – sie sind schon halb-tot – versteinert – Sie lassen »offen« und das ist wo beides Chaos und Werden liegen –!! Es hört sich wie »blödsinnig« an, was ich Ihnen da sage – aber es ist doch so – jedenfalls fühle ich es so –

Liebe Christa Wolf – wenn Sie sagen in Ihrem Brief zu mir, daß »Heimat die geistig-seelische Verbundenheit ist, die sich zwischen Menschen spannt« – da haben Sie mich wieder »gepackt«, denn mit fast denselben Worte habe ich das zu mir gesagt, ungefähr 2–3 Wochen bevor Ihr Brief kam –

Ich hoffe, daß Sie wieder in Freude arbeiten, umgeben von Menschen, – Ihrer Familie u. Freunden. Und daß Sie doch mich einmal bei der »Hand« fassen werden. Da hätte ich Ihnen manches zu erzählen, was nicht in diesem ersten Buch steht –

Ich bin sehr müde – überarbeitet mit der Biographie von Hirschfeld – Jetzt weiß ich, daß nur durch mein eigenes »Verstehen« solch eine Arbeit richtig für mich ist. Vorher habe ich es bedauert, daß ich nicht meine research Tätigkeit viel weiterführte anstatt über diesen Hirschfeld zu schreiben. Erst als er Anlass wurde, mich in meiner »Sicht« zu äußern, kann ich richtig (hoffe ich!) damit weitergehen –

Können Sie meine Schrift »lesen«? Manche können nicht. Aber ich schreibe Ihnen so deutlich wie ich kann. Handschrift ist Zeichnung – darum habe ich's so gern. Ich habe deshalb auch nur Originale u. Zeichnungen in meiner Wohng. Das direkte!

Herzlich –
Charlotte Wolff

7 Christa Wolf an Charlotte Wolff

23. Oktober 1983

Liebe Charlotte Wolff,

als ich überlegte, womit ich Ihnen mich weiter vorstellen könnte, fiel mir diese Schrift ein, über Büchner, aber nicht nur über Büchner, daher schicke ich sie Ihnen. Ich war froh über Ihren Brief. Was Sie über Aldous Huxley schreiben – seine Manuskript- und Brief-Verluste bei seinem Hausbrand – ist schrecklich, ich wußte es nicht. Es ist ja ein für dieses Jahrhundert typisches Autoren-Schicksal, besonders für deutschsprachige Schriftsteller und für die von den Nazi-Deutschen bedrohten oder eroberten Länder. Manchmal frage ich mich, wie ich es verdient habe, bisher nicht von solchem Schicksal betroffen zu sein. Ob vielleicht dieser Hausbrand eine kleine Abschlagszahlung an die finsteren Mächte ist? Damit sie nicht rachsüchtig sind? Glauben Sie an solche Beschwörungen und Selbstbeschwörungen? Ich fühle mich am lebendigsten, wenn ich mit diesen Mächten in mir in Kontakt bin, also oft beim Schreiben.

Ich schreibe an einem Sonntagmorgen. In einer Stunde werde ich nach Westberlin gehen, um dort vor einem größeren Publikum aus der »Kassandra« zu lesen. Es ist ein kleiner Beitrag zu der Aktionswoche der Friedensbewegung, die gestern zu Ende ging und die uns Hoffnung machte. Vielleicht, vielleicht gelingt es diesmal doch, den Wahnsinn der Herrschenden zu zügeln – es wäre ein Novum in der Geschichte der Menschheit ...

Ich stelle mir manchmal vor, wo und wie Sie arbeiten. Wie sehr ich Sie verstehe, wenn Sie sagen: Nur, was Anlaß wird, aus sich selbst heraus und über sich selbst zu schreiben, wird »wirkliche« Arbeit. Ja, so ist es. Nur habe ich Sorge, daß Sie sich überarbeiten, daß Sie sich zu müde machen. Wollen Sie manchmal

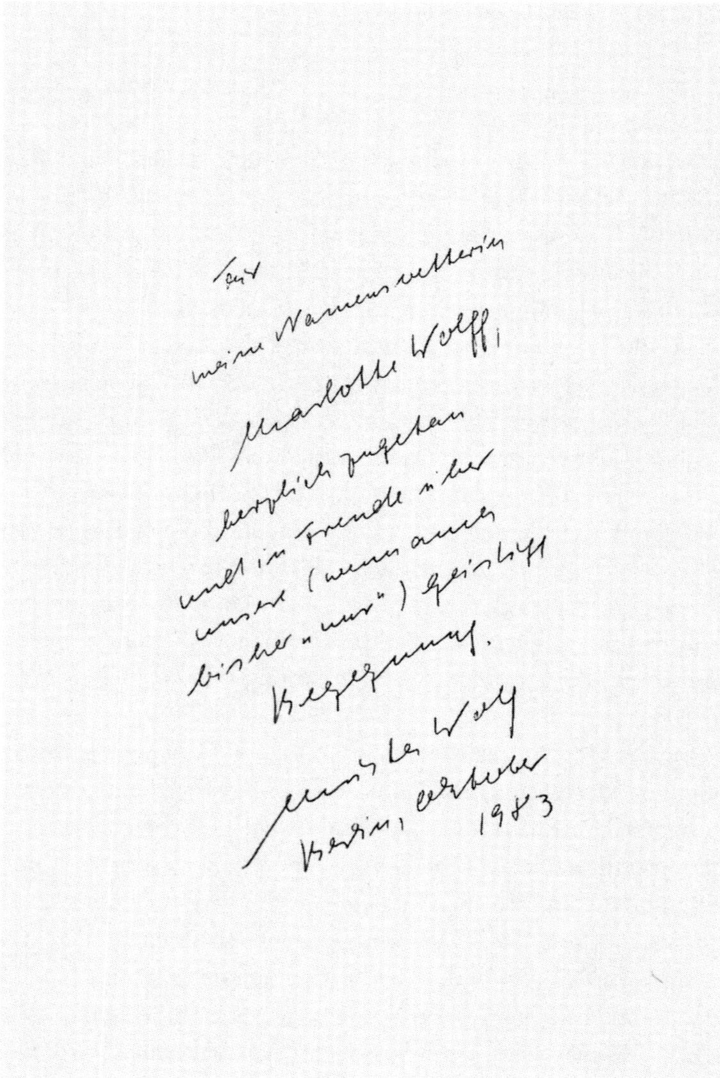

Für
meine Namensvetterin
Charlotte Wolff,
herzlich zugetan
und in Freude über
unsere (wenn auch
bisher „nur") geistige
Begegnung.
Christa Wolf
Berlin, Oktober
1983

CHRISTA WOLF
BÜCHNER-PREIS-REDE
1980

SONDERDRUCK
FÜR DIE FREUNDE
DES
LUCHTERHAND VERLAGES

auch an eine Pause denken? Einfach herumlaufen, oder sich aufs Sofa legen und Musik hören? Dieses richtige Pause-machenkönnen gehört auch zu meinen schwachen Stellen; mich zwingen die Kinder und Enkel dazu. Wenn ich mit meinem 4-jährigen Enkelsohn Benjamin »Puzzle« spiele – er ist groß darin! –, dann versinken alle literarischen und Welt-Probleme.

Sie müssen es eigentlich fühlen, daß ich jetzt gerade stark an Sie denke.

Ich umarme Sie,
Ihre Christa Wolf

8 Charlotte Wolff an Christa Wolf

26. Oktober 83

Liebe Christa Wolf

Haben Sie meinen Brief, ungefähr Mitte Sept. geschrieben, erhalten? Natürlich ist dieses »petit mot« weder Erwartung einer Antwort noch Erinnernwollen –

Nein – mir fällt seit zwei Tagen immer wieder ein – Fortschritt ist Fortgehen –

Alles Beenden ist nie zu Ende – –

Immer eine neue Einsamkeit –

Vielleicht sagt es Ihnen was ich fühle – denke –

En tous cas – ich habe – »es« hat immer diese Worte mit Gedanken an Sie verbunden –

Herzlich –
Ihre Charlotte Wolff

9 Charlotte Wolff an Christa Wolf

12. XI. 83

Liebe Christa (wenn Sie auch so denken, bitte die »Wölfe« weglassen)

Ihr Brief in der Büchnerrede kam einen Tag nachdem ich Ihnen einen kurzen Brief schickte – Ich konnte nicht anders, wie Sie daraus wohl sahen – – –

Ihre Büchner Rede mit der schönen Photographie hat mich bewegt. Sehr. Jedes Wort hallte wider, als ob Sie zu mir sprachen. – Sie haben mir Freude gemacht – Sie fühlen diese »Drohungen« hinterm Rücken – diese rächenden »Geister« die uns plötzlich oder auch langsam bis in den Kern angreifen. Oh ja, ich weiß davon ganz genug. Natürlich – sie gehören zu dem Spannungszustand – oder verursachen ihn – den wir brauchen um lebendig zu sein und um unsere Perceptionen zu schärfen.

Diese »Kräfte« haben mich ganz und gar fatalistisch gemacht. Wenn sie periodenweise über mich herfallen, werde ich besonders nervös – sogar krank. Kann kein Geräusch ertragen. –

Ihre Kassandra ist außer vielem andern eine aktuelle Botschaft – Die Geschichte <u>hat</u> einen neuen Weg angefangen – Die Intensität, mehr noch als die Menge der Friedensmenschen – wird unaufhaltsam sein.

Wenn nicht in der Gegenwart genug, dann in der nicht fernen Zukunft – können die sogenannten »Führer« den Regierungen ihrer Macht nicht mehr sicher sein –

In ein paar Tagen schicke ich Ihnen eine Nummer von einem amerikanischen Magazin »Forum« in dem ein »Profil« von mir ist, das Erica Duncan (junge Feministin + Schriftsteller) schrieb. Da sind Anotationen aus verschiedenen Büchern gedruckt, die Sie nicht kennen können. Die Bücher sind nicht mehr im Druck.

Christa – was für ein Glück für Sie, den kleinen Benjamin um sich zu haben –

Oh ja, ich ruhe auch. Jeden Nachmittag liege ich in einem schönen pfirsichgemalten Schlafzimmer für 1–2 Stunden. Manchmal renne ich aus dem Haus – dann gehe ich in den nahen, sehr schönen Brompton-Friedhof – der einzige weite Platz wo die Luft nicht vergiftet ist – Und da sind die halb umgefallenen, dekorativen Grabsteine – Einer ist über den Sänger Richard Tauber. –

Aber ich bin in meiner sehr schönen Wohnung nur am Tage, von ungefähr 8.30 am – 5.30 oder 6 pm. Denn da sitzt mir ein böser Geist auf der Pelle – in dieser von mir mit viel Freude u. Wahl eingerichteten Wohnung. Das »Gift« ist das dauernde Piano-spielen des Nachbars – Er hat nie gearbeitet u. spielt furchtbar –

Meine Bücher sind in Begleitung einer dauernden Radioausstrahlung geschrieben. Ich gehe gegen Abend zu meiner Freundin Audrey Wood, die nahebei wohnt – Dort schlafe ich und sie geht um 6.30 morgens nach Redcliffe Place und macht »es richtig«. Ich arbeite hier von ungefähr 9–12 am – und am Nachmittag korrigiere ich oder fange das ewige Suchen nach den Dokumentationen, die für meine Arbeit nötig sind, an – – –

Aber, wenn es nicht schlechtes Wetter ist, gehe ich 2 Mal in der Woche mit einer alten Freundin (aus Berliner Tagen) nach Soho – in ein etwas schmieriges italienisches oder französisches Café. Danach spazieren wir durch dies kontinentale Milieu – –

Mit einer solchen Arbeit wie meine jetzige ist ein gewisser Hermitenzustand notwendig. – Meine Neigung geht (und ging immer) zu viel Alleinsein –

Und hier, wo ich Ihnen schreibe, im Redcliffe Place, bin ich immer allein – Und wie ich das nicht nur brauche, sondern mich daran erfreue –

So hab ich viel von mir geschrieben – Ich hoffe und glaube daß Sie in Ihrem »Heim« und in Ihrer Arbeit die Umgebung und Eingebung haben, die richtig für Sie sind (soweit man das selbst beurteilen kann).

Von ganzem Herzen
Ihre Charlotte

10 Charlotte Wolff an Christa Wolf

9. Dez. 83

Liebe Christa –

Ich sende Ihnen diesen schönen und klug aussehenden Engel mit »the greetings of the Season« – Denke an Sie mit Geist und Herz –

Geht es Ihnen gut???

Ihre Charlotte

PS. Haben Sie meinen langen Brief, 12. Nov. geschickt, bekommen? Da annonzierte ich Ihnen Sendung des »Book Forum«! Ich hoffe – ja. Ch.

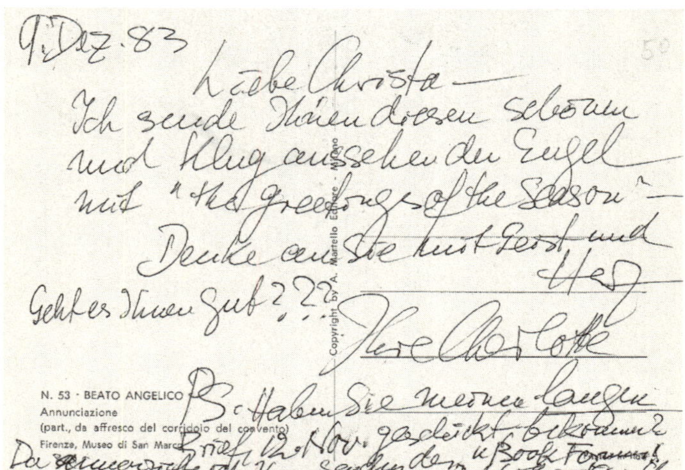

9. Dez. 83

Liebe Christa —
Ich sende Ihnen diesen schönen und klug aussehenden Engel mit "the greetings of the Season" —
Denke an Sie mit Geist und Herz
Ihre Charlotte

Geht es Ihnen gut???

PS: Haben Sie meinen langen Brief (2. Nov.) gedruckt bekommen?
Da [illegible] ich Ihnen sending den Inhalt — u. Book Form! Ch.

N. 53 - BEATO ANGELICO
Annunciazione
(part., da affresco del corridoio del convento)
Firenze, Museo di San Marco

Copyright by A. Martello Editore - Milano

11 Christa Wolf an Charlotte Wolff

13. 12. 83

Liebe Charlotte,

wie gerne gehe ich zum Vornamen über! Eben las ich Ihre letzten drei Briefe noch mal, es geht nicht anders, als daß wir einander »bewegen« müssen. Sie schreiben von jenen »rächenden Geistern«, die uns plötzlich oder auch langsam »bis in den Kern angreifen«. Heute ist bei mir ein Tag solcher Geister, plötzlich. Ich kann sonst nichts schreiben als diesen Brief. Wenn ich vom Schreibtisch aufblicke, sehe ich auf der anderen Seite der Friedrichstraße Bauarbeiter mit gelben Schutzhelmen auf Gerüsten herumklettern, die vor die Fassade eines neuen Gebäudes gebaut ist, das wird im April als neuer Friedrichstadtpalast eingerichtet werden; der alte, auf der Hinterseite unseres Hauses, sackt langsam ab und mußte geschlossen werden. Der Lärm von der Straße her ist manchmal bestialisch, man gewöhnt sich nicht daran, wir wollen am liebsten hier wegziehen, aber das ist schwierig. Unsere Wohnung ist groß, hoch, geräumig, die Wände mit Bildern behangen oder mit Büchern umstellt. Eben kommt Gerd, mein Mann, mit Paketen von der Post. – Wir haben ausgepackt und am Gebäck, das in einem der Pakete war, genascht. Ich überlege mir Geschenke für die drei Enkelkinder zu Weihnachten: Jana (11), Benjamin (4) und Helene, 14 Monate. Schrieb ich Ihnen von meinen Töchtern? Annette, 30 Jahre alt, ist Psychologin, behandelt ambulant Psychotiker, Sucht- und Alkoholkranke. Tinka, 27, ist Regisseurin, arbeitet augenblicklich als Gast in Dessau, hat gerade etwas im Bauhaus inszeniert, das wunderbarerweise stehen blieb.

Es sind diese Handvoll Menschen, die mir als erste vor Augen stehen bei all dem Raketen- und Atombombengeschrei. Die Bilder, von denen ich manchmal nachts aus dem Schlaf hochschrecke, lassen sich nicht mehr von den vorgestellten Lebensläufen dieser Kinder trennen. Sie schreiben: Die Geschichte hat einen neuen Weg angefangen – glauben Sie das wirklich? Und werden wir die Zeit haben, diesen Weg auch zu gehen, ein Stück weit wenigstens? Ich weiß, daß man so nicht fragen soll, sondern das Seine tun muß.

Eben entdecke ich in Ihrem letzten Brief den alten Berliner Ausdruck »auf der Pelle« und muß lachen – obwohl Ihr Nachbar, der Pianospieler, wahrhaftig nicht zum Lachen ist. In Soho, bei Ihren Spaziergängen, kann ich Sie mir vorstellen, einmal war ich ja in London. Und wenn Sie die Augen zumachen – sehen Sie Berlin? Das alte? Das neue?

Ich bin selten in meiner Wohnung allein, aber ich kann meine Türen zumachen. Allerdings kommen viele Leute, die irgendeine Art von Hilfe brauchen. In den letzten Jahren habe ich das Bekanntsein fürchten gelernt. Übers Wochenende war ich aber mal ganz allein, das habe ich genossen, schrieb an einer neuen Erzählung, eine Art Erinnerung an Meteln, unser abgebranntes Leben auf dem Lande. Mir ist da etwas Merkwürdiges passiert: Ich wollte schon lange diesen Text schreiben, hatte auch schon eine Menge Seiten, konnte aber nicht weiterkommen, weil ich dachte, am Ende müßte das Haus abbrennen. Erfinden konnte ich das aber nicht, ich war abergläubisch. Dann brannte das Haus ab. Nun schreibe ich den Text. Was sagen Sie dazu?

»Fortschritt ist Fortgehen«, sagen Sie. Von wem? Wohin? In welche Richtung? Ich bin ein beharrlicher Mensch, der schwer fortgeht, Bindungen schwer lösen kann. Sie wurden öfter zum Fortgehen gezwungen (ich auch, aber auf andere Weise), haben das später als eine Art Herausforderung annehmen können. Ich glaube, daß auch davon diese Höhlen von Einsamkeit in Ihnen geblieben sind, Erlebnisse und Erinnerungen, die niemand mit Ihnen teilt.

Ich schicke Ihnen diesmal einen Aufsatz über Kleists Penthesilea, den ich vor über einem Jahr schrieb, als Vorwort für eine neue Ausgabe der Penthesilea. Die Penthesilea verkörpert für mich das eine, ausweglose Ende des Frauen-Kampfes – nicht mehr um Rechte, sondern ums Überleben. Nun stehen wir alle an diesem Punkt. Was tun?

Liebe Charlotte, ich wünsche Ihnen ein gutes 1984. Ich umarme Sie.

Ihre Christa Wolf

22. 12. PS. Der Brief mußte ein paar Tage liegen bleiben, ich warte immer, bis ich ihn jemandem nach Westberlin mitgeben kann, um direkt an Sie schreiben zu können. Inzwischen kam Ihr Gruß zum Neuen Jahr. Danke.

Noch einmal, Ihre C.

12 Charlotte Wolff an Christa Wolf

1. Februar 1984

Liebe Christa –

Ein Monat ist vergangen seit Ihr Brief und Ihre Geschenke kamen.

Und was für Geschenke – –

Wenn Sie in mein Zimmer in Ihrer Stimme kamen in diesen Worten, die auch in meinem Blut sind – da wurde mir sehr weit ums Herz. Und ich hatte das erstaunliche Gefühl – daß Ihre Stimme ähnlich meiner ist. Nur der Akzent der Ihren so klar, so in Ihrer Sprache ist wie ein Klang aus »alten Zeiten«. Mein

Akzent ist »mongrel« in drei Sprachen. Was für ein Geschenk – Christa – Dank!!! Und Ihre Einführung zu »Penthiselea« – wieder in dieser Dimension, die vergraben liegt – und die Sie nahebringen. Ich höre und ich lese Sie – Die Platte ist so gut – so unglaublich gut – Sie sind da.

Ich hatte diesen Reichtum, den Sie mir sandten, am Tag vor dem Neuen Jahr bekommen. – Ein Zeichen? Ihr Brief – Ihre beiden Töchter sind in Berufen zu denen sie berufen sein müssen – sonst könnten sie sie nicht tun. Beide, besonders Annette – tun etwas was direkte Beziehung zu meiner »Laufbahn« (von der ich jetzt fortgelaufen bin) hat. – Daß es das Bauhaus in Dessau gibt, wo Ihre Jüngere als Regisseurin gastiert, geht in meine Lebensgeschichte. Vieking Eggeling, ein Freund von mir, der war dort – Ich war inspiriert von seinem Film »Symphonie Diagonale« und schrieb ein essai (ich war 23 Jahre alt) »Eidodynamik« – Und das gefiel Andrejewa, Gorki's Frau – und so fuhr ich dann nach Rußland und las mein essai auf der Universität Charkow. – Es berührt mich seltsam – all das!

Und Sie, Christa – mit Angst vor den Zukünften für Ihre Kinder und Enkel!! Und Sie fragen ob ich wirklich glaube, daß die Geschichte einen Wendepunkt gemacht hat – Ich weiß nicht ob ich mich durch diese schwellende Friedensbewegung, bes. hier, habe täuschen lassen!? Wenn Sie die Greenham Common Frauen gesehen haben (TV??) und die Millionen in Europa – die protestieren –!!!

Da ist aber etwas, was mir schon oft durch den Kopf ging –: Es muß garnicht Krieg (atomar) sein – daran glaube ich nicht – sei es die »Technology by mistake) die das Wahnsinnige auslösen könnte!!

Nein, meine apprehension is absolut in der Technology, per se! Wenn die microchips und giftigen Deinfektionsmittel – Menschen de-vitalisieren (leblos gemacht durch falschen Comfort) vergiftet durch Nährstoffvergiftg. Boden und Seele wird dann ent-menscht – Das sind meine Schrecken. Alles was man Zukunft nennt – ist wie Roulette – man muß (man kann ja nicht anders) wagen zu spielen –

Vielleicht werden die Zukünftigen Spielregeln kennen lernen – die die abtötenden Gefahren wiedrum töten – und dann doch noch – das Lamm mit dem Löwen im Zusammenleben – erstreben – beinah vielleicht dem nahekommen. Ist es Utopie – Natürlich – aber eine Möglichkeit, die man nicht durch »Schrecken der Gegenwart« und Mißtrauen der lebenden, jetzigen Erwachsenen abtun kann. Die Jugend zeigt mehr Instinkt und absoluten Daseinswillen – glaube ich.

Und ich möchte Ihnen meine »Intuition« über Ihre Vorahnung die Sie in Ihrer Geschichte über Ihr Haus in Mecklenburg aufschrieben, sagen. Fürchten wir nicht, wie ancient peoples die dauernde Drohg. dass uns was wir lieben von »den Göttern« weggenommen wird – falls wir sie nicht dauernd »versöhnen«? Und sogar dann können sie uns immer berauben – Aberglaube? Ich glaube an Aberglauben – (habe es in meiner Autobiographie gesagt) – Mit einem »Thatchroof« ist Abbrennen eine intuitive sowohl wie naheliegende »Beraubung« – Diese »Götter«, Göttinnen die beschützen und wegnehmen –

Nein, das wundert mich nicht wie und dass Sie das schreiben mußten – Und noch etwas will ich Ihnen beantworten – Sie haben nicht verstanden, oder verstehen können was ich mit »Fortschritt ist Fortgehen« meine – Es ist nicht Menschen, die man liebt oder zu denen man attachiert ist, verlassen – Das hat nur mit uns selbst zu tun – Eine neue, nicht gesehene Facette in uns kommt eine Beleuchtung an, die uns im Fortschritt zufällt – Und dann sind wir – weiter – und wenn auch dieses »weiter« unmeßbar ist – wir sind von dem was wir bisher von uns wußten – fort – (weiter) gegangen – Und dazwischen, in dem Prozeß, erleben wir (ich meine ich, denn ich verallgemeinere aus meiner subjektiven Erfahrung) eine neue Einsamkeit. Die ist auch ein Sprungbrett. Vielleicht ist diese Verallgemeinerung »presumptuous« und folgt keinem unauffindbaren Gesetz in uns. Das weiß ich nicht.

Januar war mir schwer durchzuleben – Ich fühlte die Überanstrengung von 3 1/2 Jahren ohne Ferien und frische Landluft – Alles war zu sehr zusammengepreßt –

Und häusliche Umstände – eine Art Erdbebenlärm durch Einbauen von Fahrstühlen im Haus von Audrey, wo ich von 6 pm bin – verursachten in mir das Gefühl einer Zwangsjacke – Ich dachte – mein Gott, wenn ich krank werde, kann ich da nicht bleiben (Audrey würde mich pflegen) und das machte mir (macht mir) Angst.

Und in meinem wunderbaren Redcliffe Place kann ich ja nur von 8 am – bis so 5.30 pm (très exact?) leben – und auch nur mit lautem Radio –

Aber dazwischen gibt's Soho, hier und da einen Abend oder »Jour« mit Freunden –

Am liebsten aber bin ich doch bei mir selber – am ruhigsten und in einer Extrem-Aufregung, die ich dann irgendwie abbremsen kann – mich hinlegen – die Augen zumachen –

Und meine Monologe, die immer weiter sprechen auch oft wenn andre da sind, geben mir Nahrung.

Ein langer Brief –

Briefe dauern so lange anzukommen

Nun bin ich ungeduldig – daß Sie mich »hören« – –

Je vous embrasse, Christa
Ihre Charlotte

13 Christa Wolf an Charlotte Wolff

Wiepersdorf, d. 16. 2. 84

Liebe Charlotte,

so einen schönen Brief haben Sie mir geschrieben! Ich fand ihn zum Glück noch im Briefkasten, als ich gerade hierher fahren wollte, und ich habe ihn dann im Auto gelesen. Ich will Ihnen beschreiben, wo ich bin. Kennen Sie aus Ihrer Berliner Zeit noch den Namen des kleinen Städtchens Jüterbog? Es liegt südlich von Berlin, gerade noch in der Mark, und weitere 15 km südlich davon liegt das Dorf Wiepersdorf. Vielleicht ruft der Name eine ferne Erinnerung in Ihnen wach? Hier war das Gut derer v. Arnim, und Bettina Brentano, verheiratete v. Arnim, hat hier gelebt und geschrieben. Das Gutshaus steht, gleich nach dem Kriege wurde es eine Erholungs- und Arbeitsstätte für Künstler, dann renovierte man es 5 Jahre lang, und jetzt ist es piekfein, wieder wie neu, teilweise im alten Stil eingerichtet, und sogenannte »Kunstschaffende« (oder Kunst Verwaltende) können hier wohnen und arbeiten. Und spazierengehen. Mein Mann und ich tun das seit 10 Tagen. Endlich, nach der entsetzlichen Luft in der Friedrichstraße, die von Autoabgasen vollkommen unatembar geworden ist – endlich wieder Luft, die diesen Namen verdient! Und Kiefernwald. Das Gelände ist flach, sternförmig gehen Wege nach märkischen Dörfern, die in 2, 3 km Abstand liegen.

Ich arbeite an einer merkwürdigen Prosa, bei der ich auch ein bißchen neue Schreib-Technik versuche. Wir mußten flüchten, weil unser Haus in Berlin – ein großes Mietshaus – generalrekonstruiert wird. Das heißt, es ist so gut wie unbewohnbar, jedenfalls kann man dort nicht arbeiten – und das dauert 4 Monate! Aber einen Teil der Zeit verbringe ich auf Reisen – zuerst in Österreich, dann, zum erstenmal in meinem Leben, in Italien. Es erscheinen dort Bücher von mir.

Wissen Sie, daß Sie und Ihre Briefe mich sehr ermutigen? Ermutigen zu dem, was ich eigentlich auch denke und empfinde: Daß man, auch bei schlechten Zukunftsaussichten, nicht zaghaft leben soll. Übrigens kann ich es gar nicht. Ich habe schon 3 Enkelkinder, und nun erwartet meine jüngere Tochter Tinka (von »Katrin«) wieder ein Kind. Wie soll ich da zaghaft sein! – Es ist übrigens die Tochter, die in Dessau am Theater ist. Wie eigenartig, was Sie über Ihre Verbindung zum Bauhaus und den Essay über »Eidodynamik« schreiben ... Das Bauhaus ist im alten Stil restauriert. Dort gibt es eine kleine Bühne, auf der war die letzte Inszenierung von Tinka. Wie die Lebenskreise sich berühren! – Die Stadt Dessau war sehr zerstört, wegen der Flugzeugwerke, und sie wurde durch den Wiederaufbau zu einer der deprimierendsten Städte, die ich kenne.

Die Zukunft ist ein Roulette? Nun, dann dürfen wir den Einsatz nicht niedrig halten!

»Fortschritt ist Fortgehen« – ja, das habe ich nun verstan-

den. Ich kenne das auch, sicher anders als Sie: Ich bin, bestimmt nicht zufällig, fest in eine Familie »eingebunden«. (Wie verschieden unsere Schriften sind! Haben Sie das bemerkt?) In den letzten Jahren habe ich, glaube ich, einen großen Schritt in Richtung auf innere Freiheit, Unabhängigkeit, Autonomie getan: Von Ideologien und falschen Idealen. Und von den dazugehörigen Institutionen. Jetzt erfreue ich mich oft einer Gelassenheit, die ich früher kaum für möglich gehalten hätte.

Liebe Charlotte, ich stelle mir vor, daß Sie 3 ½ Jahre ohne Urlaub und Landaufenthalt sind. Ach, möchte ich Ihnen ins Gewissen reden: Das geht doch nicht! Und dann noch Lärm von Fahrstuhlbauern! Wann entfliehen Sie dem? Oder bedeutet es eine Art Flucht, daß Sie so hart und angespannt arbeiten, ohne sich Ruhe zu gönnen? Auch ich kenne diese andauernden inneren Monologe, von denen Sie schreiben, daß sie Ihnen »Nahrung« geben. Ich habe sie zwanghaft erfahren in Zeiten bedrängender Konflikte und Depressionen – die in der Art, glaube ich, nicht wiederkommen werden, weil ich ihre Ursache, die Unterwerfung unter entfremdete Ziele und Institutionen, nicht nur erkannt, auch in mir nach und nach wenn nicht beseitigt, so doch stark abgebaut habe. Mir kommt es so vor, als hätte Ihr Leben Sie früher zur Selbsterfahrung und zur Beseitigung dieser Art innerer Spannungen gebracht, als werden Ihre Monologe anderer Art sein, werden nicht der Abwehr von Ängsten dienen – wie auch meine jetzt nicht mehr. Heute nacht dachte ich, Ihre und meine Monologe – und die vieler anderer, die wir gar nicht kennen, müßten sich irgendwo – vielleicht in der Luft über Frankreich – begegnen. Ist das irrational? Sicher. Aber doch – wirklich.

Manchmal denke ich über Ihre These von der Bisexualität jedes Menschen nach. Ich glaube auch, daß es so ist; nur ist der Grad der Bisexualität, scheint mir, verschieden. Bei kreativen Menschen finde ich sie meist am stärksten ausgeprägt; ich sehe die Sexualität als einen »Bogen«:

Bisexuell

weibl. männl.

An den beiden Polen die »reine« Ausprägung des jeweiligen Geschlechts, und, wenn man so will, »zur Mitte hin« immer stärker der Typ des Bisexuellen. Es gibt doch sehr »weibliche« Frauen und sehr »männliche« Männer. Die scheinen sich gegenseitig genauso anzuziehen wie die mehr bisexuell angelegten Typen beider Geschlechter.

Sehen Sie das auch so?

Manchmal stelle ich mir die Phase in Ihrem Leben vor, als Dutzende von Leuten zu Ihnen kamen und Ihnen ihre Hände hinhielten, damit Sie sie daraus »erkennen« sollten. Das muß sehr merkwürdig für Sie gewesen sein.

Ich schreibe den Brief jetzt schon, werde ihn aber erst in

14 Tagen abschicken können. Da haben Sie recht: Die Post dauert so lange ...

Ich umarme Sie.
Ihre Christa

Ich schicke Ihnen ein paar Ansichten von Wiepersdorf. Gerhard, mein Mann – der Sie sehr gerne hat – wird Ihnen ein Buch über Achim v. Arnim schicken, das er herausgegeben hat; damit Sie etwas über ihn und auch etwas mehr über Wiepersdorf wissen.

C.

(Haben Sie gemerkt: Nicht nur unsere Nachnamen, auch unsere Initialen sind gleich! Wer da nicht abergläubisch wird!)

14 Charlotte Wolff an Christa Wolf

9. III. 84

Liebe Christa,

Vor einer Woche kam Ihr Brief, voll und nahe – Ja, unsere Kreise berühren sich – Wir wissen schon von vielen Tangenten – und da sind wohl noch manche (?!) die wir nicht kennen.

In Bettina Brentano's Haus – es berührt mich wie »die ewige Wiederkehr« –

Es ist so wie gemeint daß Sie hineingehen, herausgehen, arbeiten – wo so viel von ihr und auch schon durch Ihre »Im Schatten eines Traumes« und »Kein Ort. Nirgends« war – und ist.

Und ich habe angefangen Ihr »Kindheitsmuster« zu lesen – da sagen Sie etwas über »Zeit«, was ich auch in meiner Autobiographie sehr ähnlich ausdrückte.

Wie erholend und auch »romantisch« in Wiepersdorf zu sein!

Seit einiger Zeit kommt mir in den Sinn –

»Ich weiß nicht was soll es bedeuten
daß ich so traurig bin.
Ein Märchen aus alten Zeiten
Das geht mir nicht aus dem Sinn«

Und diese Zeilen ergreifen mich jetzt und als ich Ihren Brief von Wiepersdorf bekam. Nostalgia! Ich liebe es, dies ziehende, halb-weinende und so reiche Gefühl. Da ist einer der empfindlichsten »Nervenpunkte« meiner Emotionen. – Ja, »Jüterbog« kann man doch nicht vergessen – Ich kannte den Namen wegen seiner Komik – seit ??, jedenfalls sehr früh (Schulzeit?)

Ja – Christa – viel einsetzen in die Zukunft – alles?! Da kommt mir etwas in den Sinn – Als ich ganz kurz vorher in Frankreich angekommen war, fuhren Helen Hessel, ihr Sohn und ich nach dem Süden Frankreichs – Sanary – Und dann Nice – Wir besuchten das Casino in MonteCarlo. Ich hatte wohl wenig Geld – Aber ich setzte alles auf eine Karte – und die gewann. Damals hatte ich den guten Sinn, sofort mit dem »Gewinn« das Spiel zu beenden! – – Wenn Ihre Tochter Tinka noch ein Kind haben will <u>und</u> bekommt – da muß sie doch (und ihre andre Tochter auch) von der <u>Zukunft</u> überzeugt sein – Eins geht bei solchen entwickelten, weit-denkenden Menschen mit dem andern.

Ich muss noch etwas über »Bisexualität« sagen – Man muß nicht vergessen, was eine Dr. Johanna Elberskirchen in 1904 und andre schon sagten – Die Bisexualität bezieht sich auf die gesamte Menschheit – da male + female <u>psychische</u> Eigenschaften in beiden Geschlechtern sind.

Die sexuellen Emotionen selber sind manchmal auf beide Geschlechter gerichtet – das ist aber eine »Sache für sich« – ebenso wie die sogenannten normalen oder sogenannten homosexuellen Bedürfnisse –

Nach meiner eigenen Erfahrung und schon der von Hirschfeld ist physische Bisexualität viel häufiger als »bekannt« (?) ist –

Die sogenannte männliche Gesellschaft beruht auf sozialer Homosexualität – sonst wären die Männer nicht fähig gewesen – die Frauenverdienste + Rechte zu usurpieren!

Eine weibliche Gesellschaft kann sich nur bilden + halten, wenn sie auf Homoemotionalität beruht – Da ist der Akzent also subtiler und weitergehend als im »male milieu«!

Ich bin niemals in einer Organisation irgendeiner Art gewesen – Und was ich Ihnen hier erzähle, kommt nicht aus dem Munde einer »Feministin«. Ich bin ich – nicht kategorisierbar – Emanzipation wird nur von einem selber gemacht – ein Entwicklungsprozess oder manchmal eine direkte Gegebenheit. –

Christa – wie recht Sie haben mit dem Wahnsinn, für jetzt beinah 4 Jahre tagein, tagaus mit dieser höchst komplizierten Arbeit ohne »Luft« zu existieren – Von leben kann da keine Rede sein. –

Nein, es ist nicht Flucht in die Arbeit – Ich würde alles so viel leichter u. wahrscheinlich viel besser machen wenn ich »normaler« gehen könnte. Sehen Sie, hier in England gibt es kein »Wiepersdorf« – Diese wunderbare Erholungs-Arbeitsstätte, die Ihr habt, ist das, was ich selber wie einen Segen annehmen würde – aber das Schicksal hat das nicht in diesem Land erlaubt. – Für die drei oder zwei vergangenen Sommer war eine Art Winter – Ferien wären nur in Gasthäusern, ungeheizt und unbequem möglich gewesen. Das ging für mich und auch für Audrey nicht, obwohl sie viel abgehärteter als ich ist und »spartanisch«. Leider bin ich doch verpimpelt und brauche, besonders in anderer Umgebung, comfortable Verhältnisse. –

Und – obwohl ich immer als »gesund« gelte, bin ich sehr leicht erschöpft und das macht mich extra comfort-nötig. Ich werde für 3–4 Tage – 16. bis 20. Mai in Berlin sein, wo ich am 17. eine Lesung gebe – von der Jüdischen Gemeinde, Fasanenstr., arrangiert. Ich lese aus meiner Autobiografie – über »Schicksal, Pionierstudien (Hand-Gestik)« und vielleicht noch etwas mehr.

Wie ich hoffe, Sie sehen zu können.

Aber – werden Sie dann erreichbar sein? Sie fahren nach Austria – vielleicht sind Sie schon da, während ich an Sie jetzt schreibe –

Und im Mai – werden Sie – »die Italienische Reise«, Ihre erste, machen? Oder?? Italien!! Ich war in Firenze als Studentin auf Ferien – hatte ein Billet bis Rom – konnte mich aber nicht vom Lungarno (wo ich wohnte) der Alten Brücke über den Arno (wohl lange verschwunden) und – oh und – den Uffizien + Palästen trennen. Und auch Fiesole – mit Giottos und einem wunderbaren Cimabue – Ich möchte Sie sehen – natürlich – Ich weiß doch nicht, wie viel Zeit mir auf der Erde bleibt?!! Vielleicht ist auch in meiner »Überarbeit« ein harrassement wegen biologischem Alter! Ja – das ist es!! Obwohl ich sehr mobil bin –

Bitte, sagen Sie Gerhard Wolf, wie gern ich das Buch über Achim v. Arnim haben will – (ist noch nicht angekommen, auch Ihre Photos von Wiepersdorf sind noch nicht hier) und bitte, grüßen Sie ihn von mir. Dies nur (dieser Brief) ein in »staccato« geschriebenes »etwas« von den langen Monologen die ich zu Ihnen spreche –

Je vous embrasse tendrement
Ihre Charlotte

PS. Unsere Schrift ist sehr verschieden – Ich habe keine Erklärung für diese andersartigen »Zeichnungen« aber einige Gedanken!

2. PS. Ist die Geschichte des Bauhaus bewahrt und bekannt? Vicking Eggeling arbeitete dort im Haus Richter (welt sympathisch) und Richter's Frau Ré, sie heiratete später Philippe Souppault – einer der ersten Surrealisten. Ich war mit ihr befreundet und habe sie noch oft in Paris getroffen.

15 Christa Wolf an Charlotte Wolff

Berlin, 22. März 1984

Liebe Charlotte,

aus Ihrem ganzen langen schönen Brief stach mir am meisten ins Auge das Datum: 16. bis 20. Mai. Wenn Sie in Berlin sind, werde ich auf Biegen und Brechen auch hier sein und Sie so oft wie möglich sehen – einfach als stille Begleiterin. Darf ich um eine Angabe bitten, wo Sie sein werden? Wo man Sie erreichen kann? – Wir kommen am 2. Mai schon aus Italien zurück, wohin ich jetzt mit Gerhard fahre. Wir schicken mit diesem Brief zusammen ein paar Bücher ab. Österreich liegt, anstrengend, hinter mir. Während der Reisen ist es immer anstrengend. Danach wird es erst schön: als Erinnerung. – Weil mich so vieles jetzt überhäuft, schreibe ich diese kurze Karte. Die nächste Post kommt aus Italien. Ja: Rom, Perugia, Bologna, Florenz, Venedig, so wird es wohl sein. – Hier sind die Ansichten von Wiepersdorf. – Bitte, überarbeiten Sie sich nicht so sehr!

Ich umarme Sie,
Ihre Christa

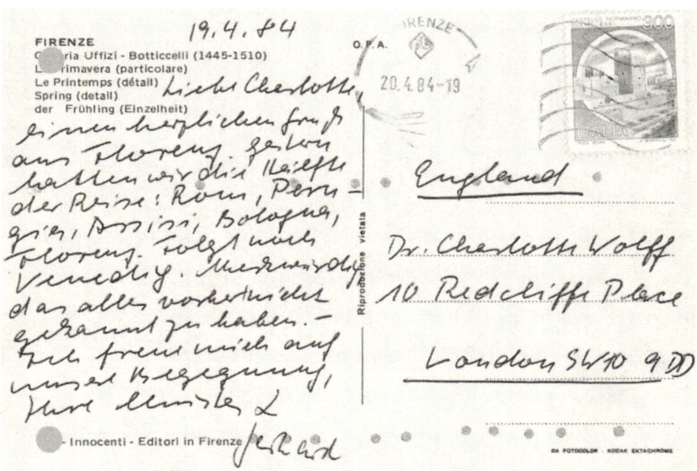

19.4.84

FIRENZE
Galleria Uffizi - Botticelli (1445-1510)
La Primavera (particolare)
Le Printemps (détail)
Spring (detail)
der Frühling (Einzelheit)

O.P.A.

FIRENZE
20.4.84-19

ITALIA 300

Liebe Charlotte,
einen herzlichen Gruß
aus Florenz. Gestern
hatten wir die Hälfte
der Reise: Rom, Peru-
gia, Assisi, Bologna,
Florenz. Folgt noch
Venedig. Merkwürdig
das alles vorher nicht
gekannt zu haben. –
Ich freue mich auf
unsere Begegnung,
Ihre Christa u.
Gerhard

Riproduzione vietata

England

Dr. Charlotte Wolff
10 Redcliffe Place
London SW10 9DD

Innocenti - Editori in Firenze

DA FOTOCOLOR - KODAK EKTACHROME

16 Christa Wolf an Charlotte Wolff

[Firenze,] 19. 4. 84

Liebe Charlotte,

einen herzlichen Gruß aus Florenz. Gestern hatten wir die Hälfte der Reise: Rom, Perugia, Assisi, Bologna, Florenz. Folgt noch Venedig. Merkwürdig, das alles vorher nicht gekannt zu haben. – Ich freue mich auf unsere Begegnung,

Ihre Christa & Gerhard

17 Charlotte Wolf an Christa Wolf

6. Mai 84

Liebe Christa –

Sie werden sich vielleicht gewundert haben, nicht von mir einen Brief zu finden – als Sie von Italien zurückkamen. Und wie diese schöne Karte (Botticelli) mir nahe ging! Sie und Gerhard W. müssen etwas wie eine Entdeckungsreise gemacht haben. Ihr beide habt mich reich beschenkt! Ihr Essai on Bettina Brentano ist durchdringend. Es sagt was ist (und was war, das ist) in einer Sprache die man nicht vergisst. – Und Gerhard Wolf hat mich so sehr erfreut mit drei wichtigen Büchern. Ich habe seine »Nachworte« gelesen und bis jetzt nur etwas von den Büchern selber. Grüßen Sie ihn herzlich von mir.

Mit meinem warmen Dank für etwas Köstliches – Ich bin von einem Erstaunen ins andre gefallen über die »Deutsche Sappho« und »Achim v. Arnim«. Er hat mir ein Verständnis u. Belehrung über einen Reichtum deutscher Literatur gegeben, von dem ich praktisch nichts wusste. Ich habe immer gefühlt (gewusst) dass die richtige Geschichte der Zeiten in der »richtigen« Literatur zu finden ist. Das ist klar in allen Ihren Büchern u. Essais, Christa – Und so ist es in den Nachworten von Gerhard Wolf. –

Jetzt kommt das was mich verhindert hat, bis heute zu schreiben. Ich bin in einer furchtbar unglückseligen Situation und habe den Berlintripp aufgeben müssen. 1. Bin total erschöpft – kann kaum »krauchen«, wegen Überarbeit!! 2. Habe sehr unangenehme Sachen mit meinen Zähnen – und Gaumen. Und kein Zahnarzt (3) hat mir helfen können. Bin sehr deprimiert.

Und ganz besonders darüber, daß ich Sie nicht sehen werde – Auch hätte ich sehr gern Gerhard Wolf kennengelernt – –

Wann wird das Schicksal uns zusammenbringen?? Die Große Frage –

Ich umarme Sie, Christa
Ihre Charlotte

Und grüßen Sie Ihren Mann von mir!!

18 Christa Wolf an Charlotte Wolff

[Berlin,] den 17. Mai 84

Liebe Charlotte,

obwohl Sie es nicht gerne haben, sondern lieber (ich weiß nicht, was!) aus meiner Handschrift lesen möchten, schreibe ich mal wieder mit der Maschine, irgendwie bin ich zu nervös fürs Schreiben mit der Hand. Dabei möchte ich Sie intensiv erreichen, am liebsten Ihre Hände in meine nehmen und Ihnen, ja, obwohl es vermessen ist: Mut zusprechen. Schon länger beunruhigte mich, daß Sie soviel arbeiten, und so glaube ich nicht, daß es die blöden Zahnärzte alleine sind, die Sie verstimmen und traurig machen (to hell with them!); es wird wohl auch Ihre Erschöpfung sein, die im vielleicht richtigen Moment ein Vehikel gesucht hat, sich zu äußern: daß Sie jetzt vielleicht doch lieber nicht die Anstrengung einer Reise auf sich nehmen sollten. Und so zerbrach, weil das sicher wirkte, die Prothese. Humor haben ja diese Unfälle, das muß man ihnen lassen. Und ich möchte Ihnen suggerieren, daß auch Sie Ihren Humor wiederfinden. W i r w e r d e n u n s s e h e n, das ist ganz klar. Ich stelle mir vor, daß Sie zu den Menschen gehören, die nicht ausspannen, sich nicht erholen können: Bitte, versuchen Sie es doch jetzt!

Von mir ein paar Sätze: Ich weiß noch nicht, wie Italien auf mich, auf uns gewirkt hat. Die erste Woche wurde mir vergällt durch zudringliche und inkompetente Germanisten und Journalisten. Gute Frauen habe ich dann kennengelernt, besonders in Florenz und Venedig. Überhaupt sind alle kulturellen Veränderungen der letzten zehn Jahre in Italien anscheinend von der Frauenbewegung ausgegangen. Zur Zeit stockt alles, wie wohl überall – aber wenn sie das Erreichte halten können, ist schon viel gewonnen. – Eigentliche Touristen sind wir nicht, Gerhard und ich, und so sind wir durch viele Kirchen, an vielen Kreuzigungs- und Madonnenbildern vorbei wie taub gelaufen. Dann plötzlich berührt eine etruskische winzigkleine Pietà aus Ton … Beklommen sah ich die Heerscharen der Gläubigen, denen sich, wenn man den Namen des Papstes ausspricht, von ganz allein die Augen nach oben drehen. Aufgeschlossen war ich für die Landschaften – Umbrien, Toscana. Für die Städte und Plätze, für das vielschichtige Rom, für Venedig abseits von den Touristenströmen. Für Menschen.

Als wir zurückkamen, näherte sich unsere Wohnung dem Höhepunkt einer sogenannten »Generalrekonstruktion« – was heißt, daß Handwerkergruppen aller möglichen Gewerke sich die Türklinke in die Hand gaben; daß wir mal kein Gas, mal keinen Strom, mal keine Fenster hatten oder haben. Daß wir nicht arbeiten können. Dazu kamen einige Sorgen gesundheitlicher Art mit meiner jüngeren Tochter Tinka, die ihr zweites Kind erwartet und der übliche Zudrang von Menschen, die etwas brauchen. Ich bin jetzt ein bißchen nervös. Daher fliehen wir zum Anfang nächster Woche aus Berlin aufs Land, wo wir für den Übergang (bis ein hoffentlich bald zu erwerbendes ländliches Haus bewohnbar ist) einen kleinen Bungalow gemietet haben ...

Dies ist eine Kurzfassung meines jetzigen Daseins. Es fehlt ihm die Mitte, Besinnung, Konzentration, alles Kreative. Man wird es dem Brief anmerken.

Liebe Charlotte, ich hoffe, wir sitzen einmal lange beieinander und reden.

Ihre Christa

19 Charlotte Wolff an Christa Wolf

20. V. 84

Liebe Christa – Ein Jahr ist es her, seit ich Ihren Brief und dann Ihre Bücher bekam. Ein Jahr – und vor 4 Tagen haben wir zueinander gesprochen – Ich sitze hier, in einem schönen Zimmer in Redcliffe Place, totmüde, den Kopf halte ich mir mit der rechten Hand, und Augen zu!

Und ich »höre« Sie – ich fühlte und habe das Echo wenn Sie hier und da etwas den »Atem« anhielten (es freute mich!) und dann war es auch wieder ein rhythmisches Fließen.

Ich denke daß man zwischen Ahnen und Enthüllung leben und wissen kann oder muß. Ich muß! Wissen ist nicht viel wert oder unheilvoll, wenn es nicht aus dem Boden kommt. Der ist der guide to ourselves, others and – real knowledge – as for as it is possible to get it.

Ja, ich bin schon von 4 Zahnärzten falsch – sogar schädlich für mich behandelt worden. Und einer (Facharzt für oral surgery) in dem modernsten Krankenhaus in London (Charing Cross Hospital) hat mir wahrscheinlich durch carlessness, if not worse, ein paar Vorderzähne lose gemacht – Jetzt bin ich zu einem Consultant in den »Royal Dental Hospital« gegangen. Eine Frau – die Bescheid wusste, aber rein technisch die »Angelegenheit« ansah. Ich bin auf eine Warteliste gestellt – Wartezeit unbestimmt – kann bis 9 Monate dauern. Sie hatte mir gesagt, daß sie selber meine Behandlung machen würde. Und aus einem Brief stellte sich aber heraus, daß sie mich dem Hausarzt übergibt (mit ihrer Überwachung) und dessen Warteliste ist so die längste.

Diese Mischung von Inkompetenz bei privaten (und manchen auch im Health Service) und gelegentlich sadistischer Ungeduld (oder mehr!) ist das Wahrzeichen meiner pilgrimage durch dieses ekelhafte Milieu. – Da ich organisch gesund bin, sogar zum Erstaunen meiner Ärztin, finde ich diese Ereignisse, die ich Ihnen erzählte, eine Art Vorstufe von »Mord« – –

Wie richtig Sie sagten – »das ist sehr deprimierend«.

»Ich kann keine Pläne machen«, fühle mich ausgeschlossen von Treffen mit Freunden und meine Arbeit wird langsam oder hört auf für Tage. Das ist wahrscheinlich nicht zu bedauern, sondern heilsam. –

Was für ein »Leben« Sie und Ihr Mann in diesen Wochen im April gehabt haben – man konnte es aus Ihrer Karte von Florenz fühlen.

»Und dann – Venedig«, schrieben Sie. Eine Art verfallendes und mysteriöses Märchen, denke ich. Ich bin dort nicht gewesen – aber im naheliegenden Verona – Eine »Enthüllung« die ich nie vergessen habe – außer Florenz, das mich festhielt. Ich erinnere mich an eine elegante »Dame«, die mich an der Haustür von Lungarno 3, wo ich mit einer Freundin von mir, en pension wohnte, ansprach mit den Worten »Tanta Mysteriosa« – Ein Augenblick – und nie vergessen –

Waren Sie beide sehr weit fort, in dieser wunderbaren, reichen und so andern Welt? Die Länder mit ihren mannigfachen Gesichtern – Und dann kommen sie doch alle irgendwo, irgendwie in ein Ganzes – zusammen – Diese Verschmelzung von Vergangenheit und sogenannter Gegenwart – Ist doch nur eine fast gänzlich illusorische Momentaufnahme – hardly existing –

Vergangenheit geht in Zukunft über – Gegenwart hat Existenz im Augenblick und – in Reflexion für immer – wenn sie schon Vergangenheit ist. So sind wir alle Gefangene von gestern und morgen – von dem was in uns lebt von früher und was im Dunkeln auf uns wartet.

Was für ein gemischter Brief – ein ragout, dessen Mischung mir kaum klar ist –

Wohl besser so

Gehen Sie nochmals nach Wiepersdorf zurück? Oder ist der Umbau in der Friedrichstraße glücklich beendet? Der Stil des Hauses von the v. Arnims ist mein Geschmack. Und die Umgebung von Wald und dem Garten nahbei – wie ein Balsam von irgendwo so anders als heute –

Die Eleganz des Stils des Hauses und des Bettina-Zimmers – in seiner Geometrie, Eleganz (again) und doch Einfachheit – geht (und merkwürdigerweise) steht mir nahe –

Die Figur im Garten – na! – Erinnert mich an Monte Verita's Haus des von Heydt mit den Statuen auf dem Schönen Hügel –

Falls einmal wieder irgendwann, irgendwie der Impetus kommt, daß Sie mich antelephonieren möchten – bitte, könnten Sie doch das lieber direkt tun? Ich habe dafür – – persönliche Gründe!! Aber man weiß ja nicht – wie das Geschickt – (ich wollte sagen das »Geschickte«) aussieht – –

Warten, warten – und warum nicht!? Es gibt ja nicht was man »waste« nennt – für mich – jedenfalls!

Grüßen Sie Gerhard W. von mir – sagen Sie ihm auch, daß ich beeindruckt von dem geschmackvollen Einband der Bücher des Verlages »Der Morgen« bin. Imaginativ, und darum sensitiv und richtig –

Christa, je vous embrasse
Ihre Charlotte

20 Christa Wolf an Charlotte Wolff

1. Juli 84

Liebe Charlotte –

wie geht es! Ich höre nichts von Ihnen. Ich bin ganz wenig in Berlin, wir haben ein Haus in Mecklenburg gekauft, das in desolatem Zustand ist und hergerichtet werden muß. Wir krauchen mal hier, mal da bei Freunden unter. Ich bin nicht in der besten Verfassung, eine merkwürdige psychische Schwächeperiode, nicht zufällig synchron mit einer Zeit äußeren Erfolgs. Ich denke oft an Sie, und das soll die Karte Ihnen sagen.

Ihre Christa

21 Charlotte Wolff an Christa Wolf

6. Juli 84

Liebe Christa – Heute kam Ihre Karte an. Ich bin unruhig über – wie es Ihnen geht, besonders da es mir gleicherweise so ist – aber nicht synchron mit der Welt outside. Und zweitens, daß Sie zwei Briefe per express geschickt, nicht erhalten haben. Der 1. war am 8. Mai, der 2. am 21. Mai abgeschickt – Was ist denn mit der Post los? Ich werde mehr als diese Karte in ein paar Tagen schreiben, wir sollten da doch etwas tun!! Glaube ich.

Ihre Charlotte

22 Charlotte Wolf an Christa Wolf

11. Juli 84

Liebe Christa –

Vor 2 Tagen schickte ich Ihnen eine beunruhigte Karte als Antwort auf die Ihre – 2 Briefe von mir an Sie sind verlorengegangen – wie Sie mir sagten, und das ist schrecklich –

Das Hin und Her – die Hand, die schreibt, der Kopf – das Gefühl im Hin und Her – das ist Notwendigkeit in jeder Beziehung. Und ich kann nur hoffen daß Sie wenigstens diesen Brief bekommen. Sie sagen, daß Sie selten nach Berlin fahren und ich habe keine Ahnung wo Sie sind in Mecklenburg. Ist es nicht sehr ermüdend für Sie beide, bei Freunden hier und da »Dach zu machen«? Ich könnte das schwer ertragen – Gestern erreichte mich der neue »Virago« Katalog mit großartiger Anzeige Ihrer »Kassandra« und der Frankfurter Lesungen. Publikation Dezember –

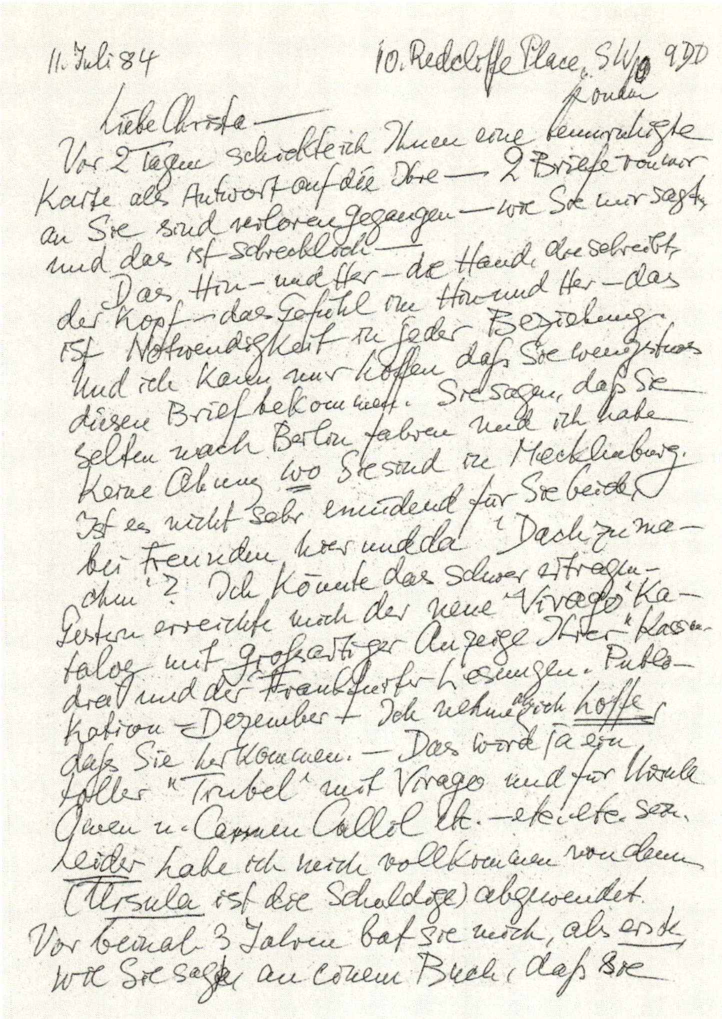

11. Juli 84 — 10. Redcliffe Place, SW10 9DD
London

Liebe Christa —
Vor 2 Tagen schickte ich Ihnen eine beunruhigte
Karte als Antwort auf die Ihre — 2 Briefe von mir
an Sie sind verloren gegangen — wie Sie mir sagten,
und das ist schrecklich —
Das Hin- und Her — die Hand, die schreibt,
der Kopf — das Gefühl im Hin und Her — das
ist Notwendigkeit zu jeder Beziehung.
Und ich kann nur hoffen daß Sie wenigstens
diesen Brief bekommen. Sie sagen, daß Sie
selten nach Berlin fahren und ich habe
keine Ahnung wo Sie sind in Mecklenburg.
Ist es nicht sehr ermüdend für Sie beide,
bei Freunden hier und da 'Dach zu ma-
chen'? Ich könnte das schwer ertragen. —
Gestern erreichte mich der neue "Virago" Ka-
talog mit großartiger Anzeige Ihrer "Kassan-
dra" und der Frankfurter Lesungen. Publi-
kation — Dezember! Ich nehme an, doch hoffe,
daß Sie herkommen. — Das wird ja ein
toller "Trubel" mit Virago und für Ursula
Owen u. Carmen Callil etc. — etc. etc. sein.
Leider habe ich mich vollkommen von denen
(Ursula ist die Schuldige) abgewendet.
Vor beinah 3 Jahren bat sie mich, als erste,
wie Sie sagten an einem Buch, daß Sie

Ich nehme an, ich hoffe, daß Sie herkommen. – Das wird ja ein toller »Trubel« mit Virago und für Ursula Owen u. Carmen Callil etc. – etc. etc. sein. Leider habe ich mich vollkommen von denen (Ursula ist die Schuldige) abgewendet. Vor beinah 3 Jahren bat sie mich, als erste, wie sie sagte, an einem Buch, daß sie als Lektor herausgab – mitzuarbeiten – 3–4 Mal bat sie mich, und ich zögerte – sagte nein, hab' zu viel mit der Biographie zu tun – Dann nach noch mehr Drängen akzeptierte ich – schrieb ein »essai« über meinen Vater (»Buch – Fathers«) und hatte keine Ahnung, daß ihr mein Beitrag zu »kalt« u. wissenschaftlich war. Erst wenn sie das Buch in die Druckerei schickte – sandte sie mir einen checque mit den Worten – mein Beitrag passt nicht in das Ganze des Buches!

Ich liess sie wissen, daß ich nie mehr zu Virago's Empfängen etc. kommen würde – Warum erzähle ich Ihnen all das? Sie wissen doch, wie diese zuerst noch »etwas« idealistischen Verleger – dann doch im Kommerziellen enden!! –

Mir geht's nicht gut – Deprimiert, einsam in mir – eine nicht sehr häufige Situation, aber jetzt schon andauernd – Eine gelähmte Psyche zu haben – macht innere u. sogar äußere Bewegungen »ungeschickt« immer mit einer Dose von Quälerei.

Sie fragten mich einmal, was ich in Ihrer Handschrift sehe, da ich Sie bat, wenn möglich mir bei Hand zu schreiben!

Christa – ich sehe nichts im Sinn von analysieren oder sowas »Furchtbares«. Nein, Handschrift ist christalisierte Geste, wie ich es in meinem Buch »A Psychology of Gesture« ausdrückte – Es ist ein direktes Hinreichen eines Menschen zum Andern – Deshalb schreibe ich so und hab's mir von Ihnen gewünscht.

Aber, wenn's für Sie viel gewohnter u. einfacher ist zu tippen – alles von Ihnen ist Freude und auch Trost für mich.

Ich denke, wann und wie Ihr Haus in Mecklenburg fertig sein wird. Wo? Nahe an der See?? Wie weise von Berlin wegzugehen – Ich verstehe es nur zu gut, was eine Metropolis einem an Nervenkraft raubt und an allgemeiner Gesundheit!

Wie ich wünsche, daß wir uns im Mai in Berlin hätten sehen können?!! No use, to go back to the »has not been« – Zukunft!! Aber da weiß man nie – wenn man wie ich ein vollkommen unvollkommener Fatalist ist! Voll von superstition und auch »Angst«!?!

Ich habe stark an Sie gedacht diese Wochen, in denen ich schöne Stunden in der British Library im Brit. Museum verbrachte. Vielleicht ist der »reading room« und the »North Library« mit ihren seltenen Manuskripten u. Büchern der einzige Platz, wo ich mich beinah »richtig« fühle.

Die Atmosphäre von all denen, die wir kennen und »lieben« die dort für ihre (und auch unsere) Bücher gearbeitet haben – sie ist da!

Ich gehe 2–3 mal wöchentlich noch für eine ganze Zeit dorthin – um für meine Biographie Hirschfeld's nachzuchecken (zum 2. oder 3. Mal) und auch um dort zu sein –

Dies ist ein merkwürdiger Brief –

Und wie es sein soll – genauso wie ich »jetzt« bin!

In der Hoffnung daß Sie ihn wirklich erhalten

Immer
Ihre Charlotte

23 Christa Wolf an Charlotte Wolff

1. August 84

Liebe Charlotte –

nein, Du hast meine Karte falsch verstanden, ich habe Deine letzten beiden Briefe bekommen, und ich wollte mit der Karte nur sagen, daß ich ungeduldig auf ein Zeichen wartete, ob es Dir besser ginge.

Jetzt habe ich angefangen, »Du« zu schreiben, ohne es zu merken. Soll ich den Brief zerreißen? Ich sage in Gedanken schon lange »Du«. Also bleibe ich mal dabei und frage: Wollen wir beiden dazu übergehen?

Du schreibst von Deprimiertheit, mir geht es diesen Sommer auch ein bißchen so. Es hängt mit der äußeren Situation zusammen: Wir wohnen ganz in der Nähe unseres abgebrannten Bauernhauses im Haus von Freunden, die verreist sind, weil Berlin nicht auszuhalten ist. Diese Nachbarschaft zu unserem alten sehr geliebten Haus ist drückend. Meine Tochter, Tinka, die Jüngere, wohnt mit Mann und (sehr geliebtem) Kind auch mit dort. Sie ist hoch schwanger und sehr sensibel gegenüber äußeren und inneren Einflüssen [...] Du kannst Dir denken, daß mich das auch nicht unberührt läßt. Und dann stecken wir mitten in wüster Arbeit bei der Renovierung eines Hauses, das wir dort in 1 Stunde Entfernung gefunden haben und dessen Erwerbung uns manchmal wie ein Fehler vorkommt. Dazu ein kalter, düsterer Sommer, ein Alpdruck. Freunde sterben oder gehen weg. Etwas geht zu Ende, was neu anfängt, ist noch kaum zu ahnen. Im Augenblick erscheinen die destruktiven Kräfte in ihrer Blindwütigkeit mir manchmal unaufhaltsam. Mein Schreiben, zu dem ich sowieso kaum komme, fast beschämend. Versteh mich richtig – das ist keine Klage, aber ich will Dir nichts vormachen. Ganz gegenwärtig ist mir tagtäglich, wie privilegiert meine Situation doch ist! Und es gibt Stunden von Glück und Genuß.

Seit Deinem Brief denke ich ernstlich darüber nach, ob ich nicht im Dezember nach England kommen sollte. Ist das aber nicht ein sehr finsterer und fröstliger Monat bei Euch? Ohne Heizung, wie es die Engländer lieben?

Ich muß sehen, wie ich den Herbst überstehe. Sind Deine Zähne wieder in Ordnung?

Ich schreib Dir diesen Brief ganz schnell, weil ich nur kurz in Berlin bin und ihn hier aufgeben will.

Ich umarme Dich,
Deine Christa

24 Charlotte Wolff an Christa Wolf

15. August 84

Liebe Christa –

Wie gut DU zu sagen. Habe Deinen Brief vor einer Woche gehabt und so gewartet. Ich glaube, bestimmt ahne, daß wir uns kennen. Also – die üblichen »Schwerfälligkeiten« zwischen »Menschen«, die an der Grenze oder vollständig Konvention sind – fallen fort. – Vielleicht geht es Dir jetzt schon leichter – Was Du mir erzählst, sagt mir – zu viel lebenswichtige Dinge drängen simultan auf Dich ein. [...] Deine Tochter, von Dir und Gerhard und ihrem Mann (aber vor allem – Dir) beschützt, bewacht – besorgt, ist in der best-möglichen Situation. Wann kommt das Kind?? Oder – schon da?!?

Wie glücklich ein Haus in Mecklenburg, in schöner Luft und ebenen Land zu haben! Wo? Nahe des Meers?

Dein Begriff von London im Dezember ist rührend naiv – Manchmal ist es wärmer dann als in Oktober – Hier ist ja doch irgendwo der Golfstrom!

Als ich von Paris nach London (1936) ging, sagte mir Maria Huxley's Schwester, Jeanne Neveu (you know of him, George Neveu?) »Les Anglais aiment le courrandaire« und »Du mußt immer Wolle tragen.« Ja, in Autobussen reißen sie immer bei jeder Temperatur die Fenster auf. Aber Häuser, besonders gute Hotels sind mit genügender Centralheizung versehen – Nichts zu fürchten also in dieser Hinsicht – Ich bin jetzt in besserer Lage. Viel, manchmal aufregende Arbeit – immer noch mit harrassement der Zeit – wegen Alter – Aber ich könnte nicht ohne sie sein – Ich bin umgeben von Literatur, Photokopien etc. etc. – über Hirschfeld – Und da ist mir was passiert vor ungefähr 4 Wochen, was mich entzückt hat. Es war unerwartet und wird meinen komplizierten Untergaumen bei Ende Oktober in Ordnung haben – hoffe ich. Es war so: Meine Ärztin schrieb der Konsultantin (erstklassig) daß ich etwas am Gaumen habe, das sie sehen sollte.

Kurz u. um – sie sah die Sache an – »Das ist vollkommen normal« sagte sie. Sie ist die große Neinsagerin – Und meine Behandlung hatte eine Wartezeit von 7–9 Monaten – zwei hatte ich schon bei dann absolviert.

Sie (Consultant) bevorzugt keinen – Ganz richtig aber meine Situation wurde sehr unangenehm.

Also – nachdem sie mir sagte, »alles in Ordnung« sah ich keine Chance – 6 – 7 mehr Monate oder so – –

Ich kam von der Dentistcouche herunter – sah der Consultantin in die Augen und hörte mich sagen »Niemand könnte größeres Vertrauen in Ihre Expertise and sense of justice haben als ich. Und ich weiß über Menschen Bescheid. Ich wünschte mir, daß Sie etwas von mir wüssten.«

Sie und ihr »Hof« von Schülern starrten mich an. Dann sagte ich weiter: »Werden Sie mich selber behandeln?« Antwort: No.

Ich: »Können Sie mir wenigstens eine vague Idee der Wartezeit geben, damit ich einige Sachen neu disponieren kann?«

Sie: No. –

Ich: Also, Sie wollen daß ich jetzt gehe? Sie nickte nur – Und ich ging, Kopf hoch und winkte mit der rechten Hand ihren Schülern zu.

Nach 2 Tagen telephonierte a nurse of the Dental Hospital, that I should come on 25th July – to start treatment. She was charming und sagte: »Es wird aber erst im September richtig losgehen, Ihnen eine Spezialprothese zu machen, weil alle Techniker im August auf Ferien sind.«

Seitdem geht's mir so viel besser – Ich denke oft, (vielleicht hab' ich's Dir schon erzählt?) an Elizabeth Sprigge's biography of Gertrud Stein – Diese Bemerkung von Stein zitierte sie – »Wenn Du mit Deinem ganzen Selbst mit andern bist, dann können sie nicht anders als mit Dir sein.« Ja – das ist es. Ich hab' keine Angst vor Dieben oder Einbrechern – deswegen!

Und überhaupt – Dennoch bin ich ein richtiger Angstneurotiker.

Ich glaube, das ist Angst vor sich selbst – und absoluter Grausamkeit wie Hitlerism oder so –

Es ist schön in London's Sommer gewesen – Immerzu Sonne und manchmal sogar zu warm für mich, die sich viel kälter als andre, die ich kenne, fühlt –

Nächste Woche geh' ich wieder in den Grossen Lesesaal mit einer Kuppel in der British Library – Und in die geheimnisvolle »North Library« mit deren kostbaren Besitzen.

Vielleicht auf dieses Jahr, Christa?!?

Je t'embrasse –
Deine Charlotte

25 Christa Wolf an Charlotte Wolff

Drispeth, d. 1. 9. 84

Liebe Charlotte,

ja – mit dem »Du« geht es jetzt noch ungezwungener, Dir zu schreiben. Aber dies wird mal wieder ein Schreibmaschinenbrief – verzeih. Ich sitze noch im Bauernhaus unserer Freunde, das ist eine Autostunde entfernt von dem Haus, das wir jetzt für uns bewohnbar machen, und einer von uns oder beide fahren oft hin und her, wenn dort Handwerker sind oder etwas anderes zu erledigen ist. Du fragst nach Seenähe – nein, nicht direkt Ostseenähe, man fährt 1 1/4 Stunden zur Ostsee, aber unser »neues« Haus – es ist natürlich hundertfünfzig Jahre alt, Fachwerk – liegt mitten in der mecklenburgischen Seenplatte, in einem landschaftlich sehr schönen Gebiet, sanfte Hügel, Buchenwälder, Seen, Seen. Trotzdem war zu Beginn dieses Sommers die Trauer um das abgebrannte Haus noch mal sehr groß, an dem hing unser Herz, und danach neu anzufangen kostete Kraft. Aber oft habe ich an Dich denken müssen und an den Zwang, immer wieder neu anfangen zu müssen, dem Ihr auf ganz unvergleichlich andere Weise ausgesetzt wart ...

Ich hatte dieses Jahr ein mich sehr bewegendes Erlebnis. Eine Figur aus meinem »Kindheitsmuster« meldete sich plötzlich: der jüdische Arzt, der in meinem Buch Dr. Leitner heißt, der der Arzt meiner Tante war und von dem ich ein Familiengerücht andeute, daß er auch ihr Geliebter gewesen sein könnte und daß der Sohn, den sie nach zwei Fehlgeburten als Frühgeburt zur Welt brachte, in Wirklichkeit *sein* Sohn gewesen sein könnte und nicht der meines Onkels Max. Und nun hatte dieser Arzt, der 1938 aus Deutschland emigrierte, im vorigen Winter erst Kindheitsmuster in die Hand bekommen, hatte es genauestens gelesen und schrieb mir nun. In jedem Brief mehr stellte sich deutlich heraus, daß diese Familienvermutung stimmte: Mein Vetter ist wirklich der Sohn dieses Arztes (dem er auch ähnlich sieht!). Und nun kam dieser Doktor L. – mit L. beginnt sein Name in Wirklichkeit –, der 83 Jahre alt ist, diesen Sommer aus Kanada nach Europa, auch um mich zu treffen. Und wir saßen einen langen Nachmittag lang auf der Terrasse bei einer Bekannten in Berlin-Nicolassee, und er redete und erzählte mir Dinge über meine Heimatstadt und über meine Tante, die ich vorher nicht hatte wissen können. Du kannst Dir meine Erregung denken, und dieses Gefühl von Unwirklichkeit, das wir beide hatten, während wir dort saßen ...

Sehr gefallen hat mir Deine Geschichte von der Konsultantin und Dir. Und die Bemerkung von Gertrude Stein werde ich mir merken. Ja, es stimmt ja, man muß auf die Menschen zugehn und ganz offen sein, oft können sie dann gar nicht anders als sich öffnen.

Ich muß jetzt etwas Komisches machen. In der DDR gibt es eine sehr kleine Arbeitsgruppe von psychosomatischen Gynäkologen, die machen Anfang November eine Arbeitstagung, zu der sich mehr als 100 Gynäkologen angemeldet haben, und ich soll dort den einleitenden Festvortrag halten. Thema ist mir freigestellt. Kannst Du mir nicht auch ein paar Stichworte dazu liefern? Hast Du – aber bitte, ohne suchen zu müssen! – zufällig Material über psychosomatische Gynäkologie? Trifft sie sich nicht ganz direkt mit Deinem Thema Hirschfeld?

Unsere Tochter Tinka ist jetzt etwa drei Wochen vor der Entbindung, das Kind ist groß und lebhaft, ihr Mann wird mit bei der Entbindung sein, und ich werde das fast zweijährige Helenchen beaufsichtigen. Zu diesem Zweck fahre ich in einer Woche wieder nach Berlin, von dort aus werde ich Dich dann mal wieder anrufen. Ich wünsche Dir, daß es Dir weiter gut geht und daß diese vermaledeite Kiefergeschichte endlich in Ordnung kommt!

Daß Du meine Begriffe vom »kalten England im Dezember« zurechtrückst, ist gut und schön. Dadurch kam ich aber auf den eigentlichen Grund, der mich abhält, gleichzeitig mit dem Erscheinen meines Buches zu kommen: die Angst vor der unvermeidlichen Publicity, die mir dieses Jahr schon beinahe meine Italienreise verdorben hätte. –

Also, wir müssen uns zu einem anderen Zeitpunkt treffen!

Sei herzlich gegrüßt,
Deine Christa

(Gerhard läßt grüßen!)

26 Charlotte Wolff an Christa Wolf

15. Sept. 84

Liebe Christa,

Du musst Dich garnicht »nicht so gut« fühlen, wenn Du mir mit Schreibmaschine nur schreibst. Es kommt – wie's kommt – Ich freue mich so sehr wenn ein Brief von Dir kommt. – Das war eine kleine Einleitung.

Gestern hab' ich mit Rührung und erstaunlicher Bildhaftigkeit Deine Dr. Leitner Erlebnisse in »Kindheitsmuster« wieder gelesen. Ich halte seine »Figur« besonders in meinem Bewußtsein – weil ich Deine Art ihn zu sehen – und das ist was ich etwas sehen sage – sehr bewundere – Es ist eine Skizze, mit leichten Zügen gezeichnet – die Knappheit der »sensitiven Linien« bringen ein unvergessliches Bild. –

Dasselbe, noch mehr wenn möglich, fühle ich über Nelly's Sehen der orthodoxen Juden, die den goldnen Kelch aus der abgebrannten Synagoge in langen Kaftans mit schwarzer Kappe auf Kopf – in eine Privatwohng. über die Straße bringen – Es verfolgt mich in merkwürdig persönlicher Art. Wie »geisterhaft« diese Gestalten und – eine wunderbare Welt, so tragisch sie ist. Tragisches zählt nicht in solch einem Geschehen – wo der Atem der kultivierten Welt – stehen bleibt.

Wie ich Dich mit diesem Dr. Lechner »sehe«! Der re-venant! Wir sind vielleicht, wenn wir's nur wüßten, in Bomerangspielen verwickelt. Aber so nahe, in die »Familie«, so wieder und neu hineinzukommen – ist eine Erschütterung – Aber es hat etwas (für mich!) Erschreckendes – schön – aber??

Ich kann Dir gratulieren. Dein Haus auf schöner flachen (das liebe ich auch) Seenplatte fertigmachen zu lassen – Ihr beide habt ein Heim – und Du liebtest das Haus das abgebrannte – Wie gut sich in und mit seiner eigenen Welt, auch in einem »Wohnplatz« mit solchem Gefühl leben zu können.

Ich bin nur bei »mir« zu Haus (hoffe ich!) alle Wohnungen, hier in England, nicht in Paris, sind mir wie Bahnhöfe – Ich sitze da in Bereitschaft – rauszulaufen zu einem Zug der mich zu einer Lieben bringt – Nein! Ich finde die nicht – und in einer Weise hab' ich es lieber so.

Der ewige Student und Außenseiter – ich!

Nun zu Deiner Frage an mich über den Festvortrag für die psychosomatischen Gynäkologen – Hirschfeld – nein! Aber ich kann Dir vielleicht etwas vorschlagen.

1. Menstruationsstörungen – M. bleibt oft aus nach emotionalen stress – gibt natürlich Sorgen oder falsche Hoffnung über Schwangerschaft.

2. Die Scheinschwangerschaft – wie Du weißt – da ist der Wunsch die »Mutter des Gedankens« – alle Symptome da – Bauch leer. –

3. Sehr interessant finde ich, die Bedeutung der Bisexualität in der Gynaekologie –

Sogenannte Frigidität kann durch die bi-sexuelle Anlage (lesbian »side«) veranlaßt sein – u. wie ich von einer meiner Probanden zu meinem Buch weiß, durch Psychotherapie positiv behandelt werden.

4. dasselbe positive Resultat kann im Vaginismus erreicht werden. Du weißt, daß dieser Zustand es einer Frau viel zu schmerzhaft macht – Sex mit einem Mann zu haben. Da soll man nicht eo ipso auf eventuelle Homosexualität als Ursache kommen.

Dieses Symptom kann viele andre Gründe haben – die unter Umständen (?) durch Psychotherapie besser werden, sogar verschwinden.

Aber – das große aber über Psychotherapie – Wer kann ein wirklich guter Therapeut sein!?! – In meiner Meing. nur der Mensch, der keiner speziellen Schule angehört – und (dies als erstes! der sich selbst dem andern (ich hasse das Wort Patient) in seiner Empathie gibt. (Gertrude Stein's Worte haben hier Anwendung.)

Ich arbeite – manchmal schwierig, manchmal – elated (selten) Und ich warte bis meine Zahnsituation richtig ist, um Ferien (ich hoffe im Süden Frankreich's) zu machen.

Wann und wie Du und ich uns treffen, scheint dem Schicksal überlassen sein zu müssen – Ich verstehe daß Deine Buchveröffentlichung keine gute Zeit ist – –

Ich kann mir nicht helfen an die Worte einer englischen Bekannten zu denken, die sie mir oft ins Ohr flüsterte! »It is later than you think!« Was denkst Du davon? Ich bin in einem Alter – hm!! – da ist Zukunft kurz, obwohl ich physisch absolut gesund bin –

Ich umarme Dich –
Deine Charlotte

27 Charlotte Wolff an Christa Wolf

18. X. 84

Christa! So lange kein Wort macht mich ängstlich. Ich hoffe, daß das Enkelchen gut angekommen ist – sollte doch so 22. Sept. geboren sein? Und Deine Tinka in guter Gesundheit ist!! Und Du!! Ich hörte vor mehr als 6 Wochen von Dir – hoffe daß Du, wie Du mir schriebst, telephonieren würdest. Habe aber sofort verstanden, daß Du zu viel zu tun mit dem »Helenchen« und der bevorstehenden Geburt hattest –

Herzlichst
Deine Charlotte

Ich schrieb Dir ungefähr 8. Sept. Brief.

28 Christa Wolf an Charlotte Wolff

Berlin, 24. Nov. 84

Liebe Charlotte,

nun wird doch mein Bedürfnis übermächtig, Dir wieder mal einen Brief zu schicken – allein von dem Telefonat kann man ja auch nicht wochenlang leben. – Wie geht es mir? Nun – ich hatte das Gefühl, daß ein bißchen zu sehr von verschiedenen Seiten an mir gezogen wurde. An sich erfreuliche Ereignisse und Tatsachen verwandeln sich durch Übermacht oder Vielzahl in Bedrückungen – zum Beispiel die Postlawine, die mich manchmal in einem Dauerzustand von schlechtem Gewissen und Atemlosigkeit hält. Die Reaktion auf dieses Kassandra-Buch ist wirklich so etwas wie eine Lawine. – Ferner: der erfreuliche neue Enkelsohn Moritz ist ein etwas unruhiges Bürschchen und erzeugt in meiner Tochter ambivalente Gefühle – sie fühlt sich den beiden kleinen Kindern manchmal nicht gewachsen, obwohl ihr Mann überall mit anpackt. Da war ich auch manchmal nötig, vor allem ist in mir leider die Tendenz, mich durch Probleme meiner Töchter mitbelasten zu lassen.

Ich habe jetzt begonnen, bewußt dagegen anzusteuern und diejenigen unbewußten Kräfte zu mobilisieren, die »positiv« wirken können, denn, wenn ich meine Lage betrachte, ist sie gut und voller Möglichkeiten, die ich noch nutzen kann. In mir arbeitet etwas, was ich behelfsmäßig »Roman« nenne – wenn ich den wirklich anfange, muß ich mich auf Jahre der Konzentration einrichten – ich freue mich darauf. Gerd hat jetzt erst mal in dem mecklenburger Haus eine »Winterarbeitsstufe« für erreicht erklärt. Im Frühling werden wir dorthin ziehen und den Rest zusammen fertigmachen.

Ich hatte jetzt mehrere Gespräche über meine Arbeit mit kleineren Gruppen von Leuten – Literaturwissenschaftler, Bildhauer, Psychiater. Alle verschieden. Aber in allen ist die Frage ganz lebendig: Wie müssen wir leben, was müssen wir tun, um den destruktiven Kräften auf dieser Erde zu begegnen, um selbst produktiv zu sein. Es ist eine länder- und staatenübergreifende Frage geworden. Das ist die Hoffnung.

Oft gehen meine Gedanken in Deine Richtung. Ich versuche mir Dein Wesen vorzustellen und sehe es – aus Deinen Briefen und Deinen Büchern – als »zusammengesetzt« aus den entgegengesetztesten Elementen: Gefühlsreichtum, starke Sensibilität, »Anfälligkeit« sogar für »Übersinnliches« – und dann der scharfe wissenschaftliche Geist. Muß auch nicht immer leicht gewesen sein, das zusammenzuhalten. Sehe ich das richtig?

Ist es nicht ein Wunder und ein großes Geschenk, daß wir,

die wir uns vor zwei Jahren noch nicht kannten, uns jetzt so vertraute Briefe schreiben?

Ich umarme Dich
Christa

29 Charlotte Wolff an Christa Wolf

1. XII. 84

Christa –

Du schreibst mir wie es mit Dir ist und das spiegelt Dich gut in mir. Ich kann mir denken, daß Kassandra und die Vorlesungen Dir dies Übermaß von Briefen, Fragen und – was man so sehr will – Bedürfnis Antwort auf die eine Frage (von der Du richtig sagst) – wie sollen wir (d. h. mehr IHR viel mehr als ich) in diesem Wahnsinn der heutigen Welt weiterleben – gibt. (Ein sehr involved sentence)

Ich kann mir denken, wie Du von allzuvielen Ansprüchen gezogen wirst. Aber diese menschliche Not – in allen Ländern (wahrscheinlich allen!) müssen wir versuchen zu klären, soweit wir können, soweit das möglich ist. – Sicher was uns vertraut gemacht hat – ist – glaube ich – dieser absolute Integritätswille – Ich glaube, daß Du – wie ich auch – abwehren, abstreifen in uns selber u. um uns herum – was nicht »rein« ist – oder sogar was nicht absolut ist. Nur das kann etwas Realität bringen. Ich fühle denselben Willen zum Absoluten in Dir wie in mir. Das heißt – wir sprechen zueinander ohne je zu »übersetzen«. Das ist das Seltenste zwischen Menschen was ich in meinem Leben erfahren habe. »Es wird doch immer either schief oder verschüttet gesagt was raus muß. Und das ist schon etwas Anerkennenswertes. Die meisten Menschen lügen ohne (oder auch nicht ohne) es zu wissen.

7. Dezember

Ich konnte nicht weiterschreiben, denn mir geht's nicht besonders gut. Aber davon ist nichts zu berichten – Seit ungefähr zwei Monaten gehen mir ein paar Zeilen eines Gedichtes von James Flecker im Kopf herum. Und sie kommen mir zusammen mit einem starken Gedanken an Dich.

Sie kommen von »The Golden Journey to Samarkand«.

»A Merchant«
We travel not for trafficking alone!
By hotter winds our fiery hearts are fanned:
For lust of knowing what should not be known
We make the Golden Journey to Samarkand.

Ich seh' Dich wie umarmt von einer liebevollen Gemeinschaft – Deine Familie. Ich verstehe Tinka – sie ist wahrscheinlich in vielem Dir ähnlich – Und sie und ihr Mann müssen Mut + Witz haben – ihr Söhnchen – Moritz zu nennen. Ich glaube, daß ich die sehr gern haben würde. Ich finde das – charmant und auch in richtiger Weise – extravagant. – Ihr habt Glück mit dem Haus in Mecklenburg – wo Du Deinen Roman schreiben kannst – wenn er »jelled« ist – Ja, ich weiß – es können Jahre dauern bis das so weit ist. – Du und Gerhard in einem Heim nach Eurem Geschmack! Du hast eine gute Konstitution mit all den inneren Kräften und dem Angst-Depressions-Rhytmus – der dann in das Wunder der Extase und creativen Rytmus umbiegt –

Was Du von mir sagst, ja – richtig und da ist noch viel dazuzufügen – aber wir kennen uns selber doch weniger als wir meinen und wie wir einen andern Menschen kennen können, ist voll u. ganz innere Verwandtschaft, die intuitiv uns beherrscht. Das ist es von mir zu Dir.

Herzlichst
Deine Charlotte

30 Charlotte Wolff an Christa Wolf

2. I. 85

Liebe Christa – Ich habe das alte Jahr ins neue hineinfallen lassen – Bin zu Bett gegangen – hier waren ja auch keine Jammer Raketen wie bei Euch – Das hat man am 5. November in England. – Aber der Winter ist auch hier ohne Schnee – Und da sieht man graue Himmel und ist falsch mit Centralheizung gewärmt – Da hast Du so etwas von der post-virus Depression in meiner Ausdrucksweise – Und doch geht's nicht wirklich schlecht. Ich hab' immer und überall wo ich war – in allen Wohnungen – abgesehen von der Kindheit und Adoleszenz – wie im Wartesaal gesessen – Manchmal dachte ich – ja ich mach's schön! Und das tat ich in Redcliffe Place – Für ein Jahr war es gut dort – Das ist jetzt 23 Jahre her. Und es ist so anziehend – atmospherisch richtig die Geometrie wie sie der Aesthetik gefällt – unbewußt gemessen – Meine Tische voll von Arbeiten!!! Jetzt bin ich am letzten Hügel der Hirschfeld Biographie. Bin beim – Epilogue!! Aber – dann kommt das dicke Ende noch nach – Die Anmerkungen, die Einführung – die lange Bibliographie. Wird noch 2 Wochen oder so Besuche in dem Reading Room (wunderbar!) der Brit. Library benötigen –

Ich hab' mich so sehr gefreut – Dich zu hören – Ich will Dich sehen! Wenn das, wie – fliessend – und einfach kommt –

Es geht Euch gut – Dir, Gerhard und der ganzen Familie – Wie warm sich das »fühlt« – eine kostbare Gemeinschaft. Ich freue mich auf Gerhard's Buch on Bettina v. Brentano – wie ich diese Frau bewundernd anstaune! Immer schon seit Jahren u. Jahren – und diese einzigartige Jüdin Rahel Varnhagen – Wie merkwürdig wir Juden gewesen sind – u. sind. Kaum raus aus dem Ghetto – da hat man schon solch einen »Wundermensch« wie R. V. – Hirschfeld schrieb, daß Juden schon vor 2000 Jahren in Deutschland waren – und im 2. or 3. Jahrhundert als römische Legionäre dorthin kamen. Er kann sich das doch nicht ausgedacht haben – Klingt so unglaubhaft – doch ich glaube ihm – ich habe vor einigen Tagen im letzten Kapitel gesagt: And age has no domination over a powerful mind –

Warum ich Dir das erzählte? – Keine Ahng. – Wie gut Du mich erfaßt hast – aber ich war nicht erstaunt darüber – Yet – wie Du von mir (Büchern und mir selbst) weisst – wir können nur ahnen – intuitiv wissen vom Menschen, der uns »berührt«. Und wenn von dem der uns nur rührt oder »interessiert«. Das letzte Wort möchte ich aus dem Vokabularium ausmerzen – Meine erste Autobiographie ist im Englischen nicht zu haben. Ich selber habe nur das gebundene proof-exemplar –

Die deutsche Übersetzung – hat leider wie Du sehen wirst, considerable Mängel. Das Tollste daran was ich erst sah, bevor ich das Buch einpackte war in der Einführung – wo die Übersetzerin dieses geisterhaft schöne Dorf ein uraltes – St. Paul de Vence – als »die Kirche von St. Paul« widergibt – Da standen mir die Haare zu Berge – Die Ravel Impression der Hand ist von mir. Sie war in 1935 im »Minotaure« veröffentlicht worden – Dein Buch ist da! Du wirst wohl schon viel davon zu hören bekommen – Besonders in diesem Monat. Aber immer das andere – das nächste was kommt ist einem im Sinn. Wenn ich nach Hirschfeld noch lebe – schreibe ich eine »Innere Reise« oder sowas – –

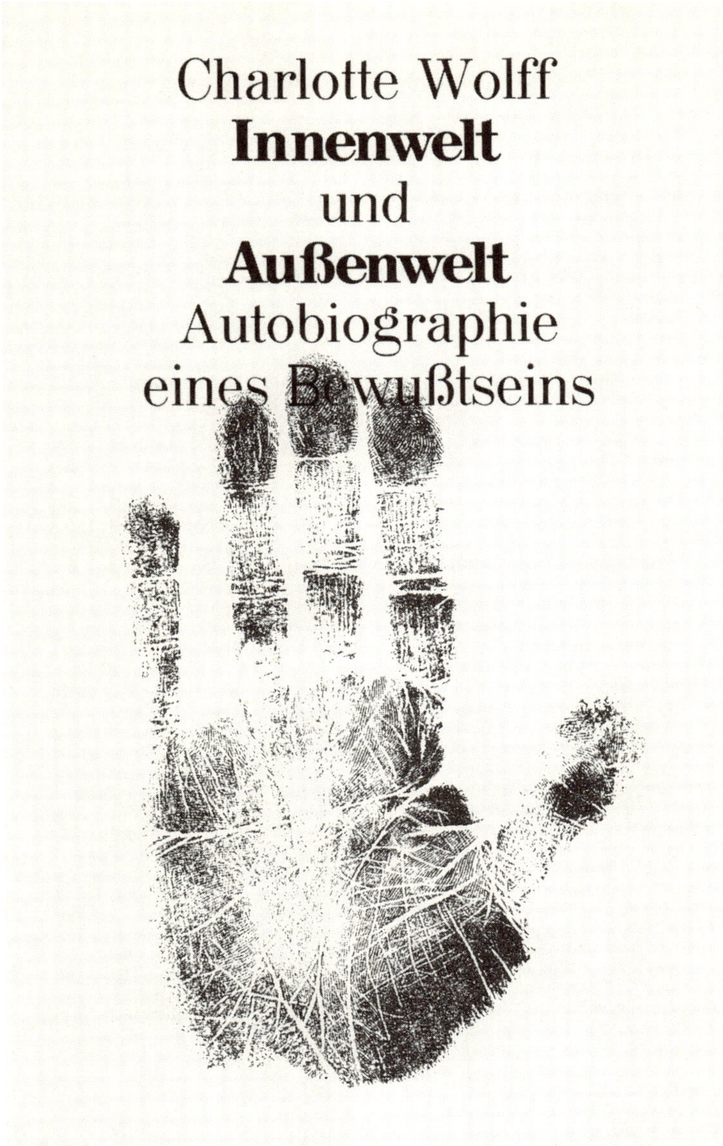
Charlotte Wolff
Innenwelt
und
Außenwelt
Autobiographie
eines Bewußtseins

Hier ist der erste Vers vom Prolog
of »The Golden Journey to Samarkand«
We who with songs beguile your pilgrimage
And swear that Beauty lives though lilies die
We poets of the proud old lineage
Who sing to find your hearts, we know not why –

Und das ist was und wie es kommt was ich Dir schreibe – Christa –

Ich umarme Dich
Charlotte

31 Christa Wolf an Charlotte Wolff

6. 2. 85

Liebe Charlotte,

hör auf, auf mich zu schimpfen, ich konnte nicht schreiben, ich war krank, hatte so eine scheußliche Grippe, die jetzt hier umläuft, mit sehr hohem Fieber und langer Rekonvaleszenz: da stecke ich noch drin. Gerade vorher hatte ich Deine erste Autobiografie gelesen, sie hat mich sehr angeregt, wieder brennend interessiert. Diesmal fiel mir einiges noch stärker auf als beim ersten Lesen der späteren Ausgabe, wahrscheinlich, weil diese erste Fassung noch unmittelbarer und weniger auf die Herstellung eines Gleichgewichts zwischen verschiedenen Komponenten bedacht ist. Mir fiel zum Beispiel auf, wie stark Du Deine emotionalen Bindungen, auch Abhängigkeiten betonst, und dies, ein seltsamer Gegensatz, bei einer ganz klaren, rationalen Sprache. Ich habe das noch in keiner Autobiografie so gefunden. Es müssen in Dir Polaritäten zusammenkommen, die zerreißend hätten wirken können, aber etwas in Dir, vielleicht Deine Arbeitskraft und Selbstdisziplin, hat dieses Zerreißen verhindert.

Werden die Gefühle blasser, wenn man älter wird? Wird es inwendig stiller, mondenbleich? Manchmal, wenn ich wie jetzt krank bin und nicht arbeiten kann, kommt es mir so vor. Ein schweigendes und bleiches inneres Gelände, aus dem kein Sinn herauszugraben ist. Und jede Wiederbelebung, die irgendwann eintreten wird, wird Selbstbetrug sein, aber das wird man wieder vergessen, froh, daß man wieder in Gang ist.

Liebe Charlotte, ich umarme Dich,
Deine Christa

32 Charlotte Wolff an Christa Wolf

12. 2. 85

Liebe Christa –

Nein – geschimpft habe ich nicht. Aber ich war beunruhigt nichts von Dir so lange zu hören. Und auch »sehen« und etwas verunsichert (Das bin ich – typischerweise??!) Furchtbar, diese Grippe – Wenn Du diese Zeilen bekommst, wirst Du wohl schon wieder richtig auf den Beinen stehen – und aus der post-influenza depression heraus sein –

Du hast mich beinah umgeschmissen mit Deiner Einsicht, trumpfartiger Einsicht über meine »Zerrissenheit« etc. Ich wanderte im Zimmer herum und sagte laut zu mir – Donnerwetter – sie hat's total erfasst.

Ich muß Dir etwas über Selbstbetrug sagen – und die »mondenbleiche, innere Landschaft« – von der Du sprichst – Du fühlst – noch nicht gesund – daß die Wiederkehr Deiner Selbst und natürlichen Vitalität – nicht mehr ganz »Du« sondern eine Art (?) Selbstbetrug sein würde – Es machte Dich all das ans Alter denken – –

Erstmal über die Emotionen und Perzeptionen zu Alter – Unaussagbar – da »Alter«, außer biologisch, in manchen das »Erleben« sogar stärkt – die Perceptionen sicher (ich spreche aus eigener Erfahrung) ich bin im Alter in vieler Hinsicht jünger geworden –

Menschen wie Du und ich können mit den üblichen Symptomen weder psychisch, und in gewisser Weise sogar physisch, nicht zusammengehen. Nein, Alter hat ein »individuelles« Gesicht – Du wirst ja wohl all das wissen – und auch in vielen Jahren – erleben!

Selbstbetrug! Die ganze Gesellschaft ist Betrug! Es ist Ausnahme daß Menschen sich <u>nicht</u> gegenseitig dauernd betrügen – Und sich selbst!??! Ohne Selbstbetrug – irgendwo und irgendwann kann <u>niemand</u> in der Gesellschaft existieren.

Selbstbetrug von sich zu sich – das ist etwas anders! Und da ist vielleicht »Altern« manchmal wertvoll –

In einer meiner »Reflexionen« (in der 1. Autobiographie) schrieb ich »The only reality we can know is the reality of self-awareness, of which sincerity is the foundation« –

You may ask what has that to do with selbstbetrug – Answer: We only can get glimpses of reality – and absolute sincerity, even towards ourselves is like the (?) – Soweit wir vom milieu brain washed sind, soweit (u. das sind wir irgendwie – abgesehen von wenigen Ausnahmen) können wir nie von »traces« von Selbstbetrug wegkommen. <u>Aber</u> ich bin überzeugt, daß Du (wie ich auch) das nicht nur wissen, sondern den Weg zur absoluten Selbstehrlichkeit gefunden haben. <u>Das</u> ist die wahre Erlösung des Menschen. Und falls man von Emanzipation spricht (ein

Wort das mir zum Hals raus wächst) die einzige Emanzipation ist – worth having –

Mir geht's besser – obwohl diese Biographie mir jetzt auch schon zum Halse raus wächst –

It was a second best for me to do – and I shall do the last touches u. all die furchtbaren paraphanelia, noch nötig – with good grace!!

Was mich etwas »heiter« (oh und viel mehr) macht, meine Zahngeschichte ist gut verlaufen.

Und ich kann Dich zum restaurant »Bertorelli« in Charlotte Street – Soho – ausführen – wenn Du – einmal – – – nach London kommst. Das habe ich schon geplant – ich meine Bertorelli-old-fashioned – richtiges Publikum – Und abends wird Audrey die einzige Mahlzeit machen (in ihrer Wohnung) die sie gut kann – wenn Du hier bist – Du siehst – ich bin in guter Laune – und ich hoffe – daß das ein wenig – ansteckt –

Ich umarme Dich
Deine Charlotte

33 Christa Wolf an Charlotte Wolff

22. 2. 85

Liebe Charlotte,

heute schicke ich Dir mal den Beitrag, den ich im vorigen Jahr, wie ich Dir schrieb, auf einem Gynäkologen-Kongreß gehalten habe. Er paßt vielleicht ein bißchen in Deine Forschungsrichtung hinein.

Dein Brief hat mir großen Spaß gemacht. Immer wieder wundere ich mich, wenn ich in Deinen Briefen und in Deinen

Autobiografien auf diese Phänomene bei Dir stoße, die Du selbst »Scheu« nennst (nein, das verstehe ich gut!), aber besonders auf diese »Verunsicherung«. Ich weiß ja, daß all die Leistungen, die Erfolge, die jemand erbringt und hat, ihm diese Grund-Verunsicherung nicht nehmen können, und doch – gerade bei Dir bin auch ich immer wieder versucht, ganz naiv zu fragen: Wieso denn verunsichert! Sie hat das doch nicht nötig! Ich glaube, daß bei Dir auf eine Kindheits- und Jugenddisposition dann noch die tief verunsichernde Situation der Emigration, des Exils gekommen ist – so sehr sie Dich in Deinen Arbeitsanstrengungen gefördert hat; aber das Gefühl des Zuhause-, des Geborgenseins und des fraglos Angenommenseins ist wahrscheinlich für immer verletzt.

Ja, die Grippe ist vorüber, Vitalität sammelt sich wieder, gleich danach wurde mein 88-jähriger Vater krank, der sonst in Potsdam lebt, mußte zu uns geholt werden, dann für eine Woche ins Krankenhaus, jetzt feiern wir am Sonntag in großem Familienkreis bei uns seinen 88. Geburtstag. Das alles nimmt mich augenblicklich mehr in Anspruch als meine Schreiberei, die Zahl der Außenzwänge scheint zu- anstatt abzunehmen. Aber das gehört zum Leben, wie der »Selbstbetrug«, über den Du schreibst. Sehr genau lese ich über die Empfindungen, die das Alter begleiten, bei Dir. Daß man »in vieler Hinsicht jünger« werden kann – möge es auch mir so gehen, augenblicklich habe ich nicht diesen Eindruck. Vieles ist durchlebt, durchdacht, mit hoch- und tiefliegenden Gefühlen begleitet gewesen – nun wiederholt sich doch manches. Dazu kommt der Stillstand, die geistige Öde in der Gesellschaft und die Zerrissenheit durch unseren Lebensort (hundert Meter von uns entfernt läuft die Grenze durch Berlin) – aber das hält eher wach.

Übrigens stimme ich Dir zu: Selbstbetrug, Eitelkeit scheinen im Alter, beim Altern eher abzunehmen. Und das wird mir auch immer deutlicher, daß die Realität, die ich darzustellen habe, mir durch Selbstkenntnis und den sich erweiternden Zugang zu meinem Unbewußten vermittelt wird. Trotzdem bricht immer mal wieder Trauer durch, wenn mir klar wird, wie weit und auf welchen Gebieten ich durch meine Lebensgeschichte »brainwasted« bin – und um wieviel mehr so viele Angehörige gerade meiner Generation es sind. Das muß ich wohl schreiben.

Ich bin froh, daß die »Biografie« zu einem guten Ende kommt, vor allem aber, daß Deine Zähne wieder in Ordnung sind. Also top: die Verabredung ins Restaurant »Bastorelli« gilt! Wann ich sie einlöse – weiß noch nicht. Aber ich vergeß es nicht.

Ich umarme dich
Deine Christa

34 Charlotte Wolff an Christa Wolf

10. IV. 85

Dear Christa –

Over a month ago erhielt ich Deinen Brief und Durchschlag Deines Vortrags über psychosomatische Medizin. Der soll (hoffe ich) den Gynäkologen gut getan haben – Ich hätte schon lange geschrieben – aber ich war verstummt –

Ich glaube – soviel man so etwas wirklich weiss, durch etwas in mir selber – aber auch durch etwas in Deinem Brief. –

Mir wurde, so glaube ich, klar, daß wir wahrscheinlich keinen Treffpunkt im wörtlichen Sinn finden werden. Ich verstehe, daß Du von so vielen und vielem umgeben und hingegeben bist, daß eine Begegnung mit mir absolut ins Ungewisse fallen muss. –

Du weißt, daß ich ein Fatalist bin – und das natürlich, was

ich Dir sage, in dem Sinn akzeptiere – ohne zu murren. Wenn der »Zufall« (denn darauf kommt es nun eben an) es zu-fallen läßt, dass eine persönliche Begegnung wirklich kommt – dass wäre ein Geschenk – und könnte sehr wichtig sein – Aber genug davon –

Als ich Deinen Vortrag 2mal sehr interessiert und aufmerksam las – griff ich sofort nach meiner Autobiographie – im Bewußtsein – wie und was ich selber im weitesten Sinn darüber sagte – Es steht im Kapitel »Zwischenspiel« Falls es Dich interessiert, die Seiten 257–259 – Mehr will ich nicht davon sagen – Du wirst es fühlen was ich Dir damit mitteilen will, falls Du es Dir genau ansiehst.

Was mich erstaunte aus dem Inhalt (des Vortrages) – über einige Menschen die Du zitierst, was die Realisation – daß ein großer Teil Europa's (und nicht Deutschland per se) eine verlorene Generation hat. Die Aussage der Ärztin, die für lange Zeit fürchtete von ihren Träumen zu Kollegen zu sprechen erschien mir fast »unwirklich« – Und die Aussage, daß sie (oder war es eine andre?) in der Imagination den »ganzen Menschen« (Patient) vor sich sieht kam mir wie etwas lang Vergessenes vor. (siehe, falls Du Lust hast, die angegebenen Seiten meiner Autobiographie).

Dies wunderbare Erlebnis mit Dr. L., daß Du beschreibst – ist wichtig per se – für die Medizin, aber, nach meiner Meinung, garnicht am Platz im Zusammenhang mit Deinem Vortrag. Kein Wunder, daß er der Liesbeth aus der postpubertalen Depression geholfen hat – nicht als Arzt allein sondern viel mehr doch als »Geliebter« etc. – Seine Aussage über den progressiven Prof. der Universität G. (Giessen?) ist eine zweifelhafte Sache – Ja – und wie – den »Patienten (ich habe das Wort »Patient« schon immer gehasst) sprechen lassen – aber, mon Dieu, – bis er seine eigene Diagnose macht!! – Einfach unsinnig für ihn selber in erster Hinsicht, für den Arzt – interessant u, vielleicht mehr aber in der Besprechg. leider bestimmt kein Bindeglied – eher – eine Brusquerie für den »Patienten« (denn der will das ja garnicht)

Genug davon. Aber ich mußte Dir genau, d. h. so genau wie ich glaube (man weiß doch nie sicher) wie ich denke u. fühle schreiben, was mir von Dir entgegenkommt, oder besser – zukommt.

Ich bin im Augenblick at Audrey's, nach einer virus (noch etwas drin) infektion – was mich etwa 10 Tage von der Brit. Library fernhält. Dort, (wie Du schon weisst) werden die letzten Stadien meiner langen Arbeit ausgescheckt. Wie ich mich darauf freue, wieder dahin zu gehen – So ungefähr der einzige Platz in London, wo ich mich wohl fühle.

Ich frage mich, ob Du und Gerhard schon in Eurem neuen Haus in Mecklenburg seid? Ob Ihr beide dort noch »interior decorationes« macht? Ob Ihr beide dann auch schon richtig arbeitet??

Denk Dir – mein Pessimismus über eine persönliche Begegnung mit Dir geht nun so weit, daß ich mir vorstelle – Du könntest vielleicht garnicht nach Berlin kommen, falls ich mich doch nochmal dahin verirren würde!! By the way, I never got Gerhard's Buch on Bettina v. Brentano You mentioned wenn Du telephoniertest am Neujahr, daß er es herausgegeben hatte und mir schenken wollte. Aber in all den Ereignissen, die bei Euch dann folgten, ist das verständlicherweise in Vergessenheit geraten.

De tout cœur –
Charlotte

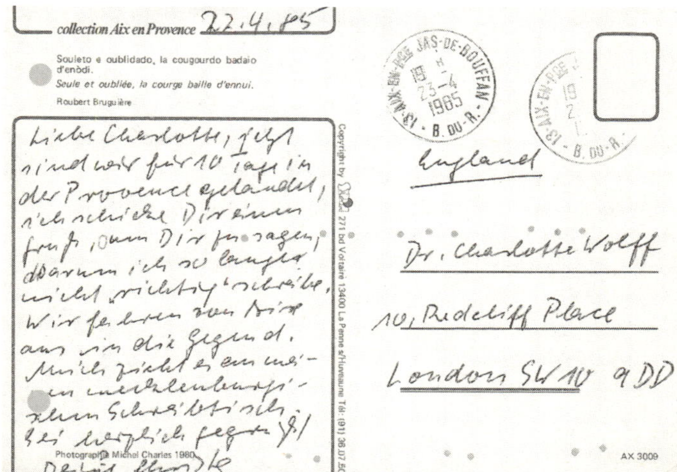

collection Aix en Provence 22.4.85

Soulèto e oublidado, la cougourdo badaio d'enòdi.
Seule et oubliée, la courge baille d'ennui.
Roubert Bruguière

Liebe Charlotte, jetzt sind wir für 10 Tage in der Provence gelandet, ich schicke Dir einen Gruß, um Dir zu sagen, warum ich so lange nicht „richtig" schreibe. Wir fahren von hier aus in die Gegend. Mich zieht es zu meinem mecklenburgischen Schreibtisch. Sei herzlich gegrüßt! Deine Christa

Photographie Michel Charles 1980

Copyright by … 271 bd Voltaire 13400 La Penne s/Huveaune Tél: (91) 36.07.50

13-AIX-EN-PCE JAS-DE-BOUFFAN 23-4 1985 B. DU-R.

England

Dr. Charlotte Wolff
10, Redcliff Place
London SW 10 9 DD

AX 3009

35 Christa Wolf an Charlotte Wolff

[Aix en Provence,] 22. 4. 85

Liebe Charlotte,

jetzt sind wir für 10 Tage in der Provence gelandet, ich schicke Dir einen Gruß, um Dir zu sagen, warum ich so lange nicht »richtig« schreibe. Wir fahren von Aix aus in die Gegend. Mich zieht es an meinen mecklenburgischen Schreibtisch.

Sei herzlich gegrüßt
Deine Christa

36 Charlotte Wolff an Christa Wolf

1. Mai 85

Liebe Christa –

Gestern – eine Karte von Dir aus Aix – Nostalgia flared up in me. Diese ville distinguée mit der Platanenallee und den Café-Terrassen hatte es mir einmal, in 1933 – angetan. – Ich war erfreut, und erleichtert, wenigstens diesen Gruß von Dir zu haben. Ihr habt ja wohl jedes Jahr solche schönen Ferien? Ferien – wenn man sehr wohl ist, kann man sie ertragen – Und manchmal geschieht wirklich was – – Ich mag nur kurze Ferien, ich weiß sonst – für längere – nichts damit anzufangen –

Und wie ich's verstehe, daß Du Dich nach Deinem Mecklenburger Schreibtisch sehnst – Dann willst und musst Du – dran sein –

Ich hab' oft über was Du mir – traurig – über Wiederholungen gesagt hast, gedacht. Christa, ich glaube – es gibt keine!! Alles kommt, auch als »Echo« – in andrer Stellung und Form –

Ähnlichkeiten ja – aber niemals kann sich etwas, was wirklich war – wieder-holen. Auch wenn man es wieder holen will!! Ich würde es hassen ins »Mechanische« zu gehen. Das ist Nichtsein – und keine Wiederholung.

Mir geht's gut und nicht gut. Hatte Grippe und schwitze immer noch davon.

Und mache die Bibliographie des Hirschfeld Buches. Du kommst zwei Mal vor – 1. wegen Bettina v. Brentano – (im Buch ist sie erwähnt) und 2. wegen »hellhörig« – das ich gebraucht habe – –

Du wirst keine Zeit finden, in Deinem neuen Haus – mit Deiner Arbeit – Dich in eine Richtung nach Norden (London) zu bewegen. Ich verstehe es – Du kannst nur Deinen essentiellen Bedürfnissen folgen. – Ich schrieb Dir im April – Du wirst den Brief bei Deiner Ankunft finden. Darin hab' ich Dir schon so was gesagt. – Natürlich – eine persönliche Begegnung würde etwas NEUES geschaffen haben. Aber sowas kann nur durch »Notwendigkeit« kommen, oder Zufall –

Schreib mir, wenn du kannst! Es ist kein »Ersatz«. Es ist ja auch ein – Ding an sich – Und sehr erfreuend und auch »erwartet«.

Von Herzen
Deine Charlotte

37 Christa Wolf an Charlotte Wolff

Woserin, den 22. 5. 85

Liebe Charlotte,

verzeih die Schreibmaschinenschrift, ich muß auf sie zurückgreifen, weil ich wegen einer Art Grippe so stark schwitze, daß ich mit meiner Hand immer wieder das Papier durchnässe. Ein komischer, aber triftiger Grund, nicht?

Ich muß Dir was erklären: In den letzten Wochen war ich entweder krank oder verreist, mein normaler Lebensrhythmus kam aus dem Gleis, und ich fand keine Ruhe, Dir zu schreiben, obwohl oder weil Dein Brief, den ich nach der Frankreich-Reise hier vorfand, mich beunruhigt hat. Da rief ich schnell an, dann fuhren wir für ein paar Tage nach Mecklenburg (wo immer noch von früh bis spät körperliche Arbeit zu leisten ist, um das Haus bewohnbar zu machen), dann für vier Tage nach Hamburg, und auf der Rückfahrt holte ich mir diese Erkältung. Heute nacht, als ich wach lag, machte ich mir wieder einmal klar, wie zerrissen mein, unser Leben augenblicklich ist. Ich kann Dir kaum beschreiben, wer und was alles nach dem letzten Buch an mir zerrt und etwas von mir will, und leider bin ich nicht der Mensch, das alles einfach zu vergessen. Oft denke ich an Dich, und wie Du Deine Arbeitsbedingungen schilderst, gerade in den letzten Wochen habe ich viel an Dich gedacht – als wir in Frankreich waren und in Les Milles bei Aix-en-Provence die Ziegelei besuchten, die während der Besatzungszeit ein Internierungslager für deutsche Emigranten war und wo es in einem Schuppen noch Fresken an der Wand gibt, an denen Max Ernst mitgemalt hat: Wie verlassen und verloren diese Leute waren; wie viele von ihnen dann doch noch von der Wehrmacht geschnappt und in ein KZ deportiert wurden. Es sind trostlose Vorstellungen, und bis heute will kaum jemand wirklich etwas davon wissen. Sich mit den Schatten der eigenen Vergangenheit auseinanderzusetzen, scheint für alle Völker ein unzumutbares Ansinnen zu sein – welches psychologische Gesetz waltet da?

Liebe Charlotte, auch aus Deinem zweiten Brief, den ich vorgestern abend bei unserer Rückkehr hier fand, klingt Resignation in Hinsicht auf unser mögliches Zusammenkommen. Ich glaube Dich zu verstehen. Ich bitte Dich noch um etwas Geduld: Ich brauche jetzt einfach ein paar Monate, in denen ich mich buchstäblich wieder sammeln und zu mir kommen kann, ehe ich für eine Begegnung innerlich bereit bin. Ich will versuchen, in Woserin etwas Neues anzufangen, einen Zugang zu bestimmten Erfahrungen und unbewußten Erlebnissen zu finden; wenn das halbwegs gelingt, werde ich ruhiger und wieder aufgeschlossen für neue Erfahrungen sein – bitte versteh das.

Nun sitzt Du also an dem schwierigen Anmerkungsapparat zu Hirschberg, ich weiß nicht, woher Du soviel Kraft nimmst. Denk daran – Du hast mir versprochen, Dich ein wenig zu schonen. Wirst Du Dich im Sommer irgendwo in Ruhe und guter Lust* erholen können? Ich habe Dir oben die Woseriner Adresse hingeschrieben, an die Du in den nächsten Monaten direkt schreiben kannst.

Ich umarme Dich
Deine Christa

* Freudsche Fehlleistung: sollte heißen: Luft (!)

38 Charlotte Wolff an Christa Wolf

26. Mai 85

Liebe Christa, Dein Brief hat mich vor etwa einer halben Stunde erreicht – nach 8 Tagen auf der Postreise – Da ist was total Merkwürdiges, das uns auch im Lebensrhytmus verbindet. Deine zweite Grippe durch das »Zerrissensein«, diese unmögliche zu verwehrende Gewissenhaftigkeit, das »verrückte« Rumreisen, das Du evidently nicht vertragen kannst – die ganze Geschichte ist Dir über den Kopf gewachsen –

Und ich. – Dasselbe ist mir passiert in einem andern framework – Wie Du bin ich krank geworden – vor 2 1/2 Wochen und kann mich noch nicht erholen. Gezerrt und so überfordert von den letzten Anforderungen des Hirschfeld Portrait's!! und entsetzt von meinen eigenen Reaktionen –

Das Du schwitzt wie verrückt – ist Grippe + Angst. Du hast's Dir auf Reisen und »Außensein« vermurkst, ich mit Überarbeit im selben immerzu selben Ort! Mir passierte, daß ich meinem Rücken einen Schock gab durch Tragen einer viel zu schweren Büchermasse – Ich hatte solche Schmerzen, daß ich mich nicht rühren konnte und in einer Art Ischias manchmal involuntary – aufschrie bei jeder Bewegung. War und bin bei Audrey – Es geht seit gestern etwas besser. A. hat mir noch nötige »Informationen« und Photokopien vom Racliffe Place gebracht, sodaß ich die Bibliographie beenden konnte. Werden noch 2–3 Tage Korrekturen gemacht und das Buch (ohne Einführung, die ich nach etwa 3 Monaten nachliefern werde) wird nächsten Dienstag dem Verlag (Quartet Books) abgeliefert. – Und ich habe genau wie Du gedacht – die Zeit eines Treffens ist noch nicht möglich. Krankheit und die innere »Taubheit« die mit Hellhören zusammengeht – hindern das gute Schicksal. Denn das, Christa, glaube ich von einer direkten Begegnung zwischen uns. Ja, ich war resigniert – Aber nach Deinem Anruf und diesem Brief den ich jetzt las – fühle ich – es wird dazu kommen. Vor zwei Tagen, als man mir ein X ray im Bett hier bei A. machte, glaubte ich – daß ich erledigt bin. Meine Ärztin war bis vor 4 Tagen fort in Greece. Aber sie beruhigte mich und machte mir klar, daß meine »Verletzg« vorübergehend sei – daß ich gesund werde. Christa, Deine Kassandra + die Frankfurter Lesungen sind ein Donnerschlag – das wundert mich nicht – und die Blitze darin, die etwas erleuchten, noch nicht vorher erfasst, machen die Leute so »gierig« und begierig – von Dir zu wissen, an Dir zu »saugen«, daß die Sache fatal für Dich wird, wenn Du so schwer NEIN sagen kannst. Ich glaube, Du musst Da etwas »lernen« mit milder »Handbewegung« – abzuwehren.

Gestern sagte ich zu Dir »j'attends, Christa« und sah ein Exemplar eines Buches von mir, daß ich Dir schon vor einer Zeit schicken wollte – und ich sagte mir – jetzt schicke ich es.

Du hast Dich nach dem Mecklenburger Schreibtisch gesehnt, als Du in Aix warst –

Beruhigen, beruhigen, warten lernen, bevor man an das, was man machen muss, wieder heran kann.

Und unser Treffen muß warten, bis wir beide wissen – daß die Zeit für uns richtig ist.

Wie ich Dir am Telephon sagte – »ich glaube Dir alles« Das ist ja der Sinn der »Sache« –

So ist es. Und ich verstehe – und wie!

Auch alles mir sagen, bitte ich Dich –

Da ist eine mir (wohl auch Dir) ungewöhnliche, wohl einzigartige »Kinship« (eine unnennbare Verbindung) wo man alles, was da ist – sagen kann und muß! Jedenfalls bei mir ist das so.

Je t'embrasse très tendrement
Deine Charlotte

PS. Max Ernst hab' ich noch in Vence in 1964 oder so getroffen und wie wir uns beide über das unerwartete Wiedersehen freuten – Lange sprachen – beinah lachend über das was Du sagst – die Menschen wollen sich nicht an die Hitlergreuel erinnern. – Warum – Ich glaube – sie sind aus Egoismus mit Blindheit geschlagen solange diese Blindheit dauert, gibt's keine Lösung der verdammten Drohungen. – – Deine Stimme (Bücher) besonders Kassandra sind eine Glocke – – –

39 Christa Wolf an Charlotte Wolff

12. 6. 85

Liebe Charlotte,

ist Dein Ischias in Ordnung? Schwörst Du, nie wieder solche Bücherlasten zu schleppen? Du schwörst es, aber hältst den Schwur nicht ein, das weiß ich schon. Genau wie ich hier über unseren schwer zu bearbeitenden Gartenbeeten hocke, obwohl ich weiß, daß ich danach tagelang humpeln muß, weil meine Hüfte dann ärgert … So ist der Mensch.

Aber Du siehst, wir sind im Mecklenburgischen. Mit einer gewaltigen letzten Anstrengung wurde unser »neues« Haus bewohnbar gemacht, für zwei Familien, und, wenn es sich ergibt, auch noch für ein paar Gäste. Es ist wieder einmal ein Anfang, wenn auch nicht mehr ganz so freudig wie der Anfang in dem ersten Mecklenburger Haus, das dann abbrannte. Jede scheinbare Wiederholung ist mit mehr Skepsis untermischt, nicht wahr? Hauptsache, darunter wird das Lebendige, das etwas Neues machen will, nicht erstickt.

Bei mir regt es sich schon. Ich mache Notizen für ein neues Buch, zu dem der Plan mir in Frankreich kam. Er hat sich seitdem natürlich entwickelt und verändert – in einer Weise, die mir beinahe Angst macht: Hier muß ich wirklich an die eigene Substanz gehn, wenn es richtig werden soll. Aber so war es bei jedem Buch.

Charlotte, es ist merkwürdig, daß ich Dich in wechselnden Gestalten vor mir sehe, wenn ich an Dich schreibe: Deine Fotos auf den Büchern sind so unglaublich verschieden. Also, ich muß Dich selbst anschauen kommen. Wir werden uns alles sagen, schreibst Du, der Satz hat mich fast erschreckt. Das ist es ja, was ich mir immer wünsche – aber kann man es? Ist nicht immer auch dabei noch Selbstbetrug und ein Bodensatz von Heuchelei, Falschheit? Das macht mir sehr zu schaffen beim Schreiben.

Augenblicklich mach ich mir Sorgen um meine Älteste, Annette, die Psychologin. Sie ist nach 10 Jahren Psychologenarbeit in einer psychiatrischen Klinik mit Psychotikern bis auf den Grund erschöpft – sie hat ja noch zu Hause einen Mann, mit dem sie ein produktives, aber schwieriges Verhältnis hat (er ist der Sohn meiner Prager Freundin, einer Jüdin, die in Auschwitz war), und zwei Kinder. Sie [...] hat nun ihre Arbeit gekündigt, was sehr schwierig ist, was ihr Kollegen und Patienten sehr übelnehmen [...]. Sie ist ein Mensch, der sich schwer, schwer von etwas trennen kann. Und immer suche (und finde) ich dann, wenn es eine der Töchter schwer hat, meine Fehler, die ich mit ihnen in der frühen Kindheit gemacht habe. Ach, es ist wirklich ein Verhängnis, und alles, alles, was man versäumt oder falsch gemacht hat, wird einem als Rechnung präsentiert.

Liebe Charlotte, das war so ein Von-der-Seele-Schreiben, Du verstehst. Wie gerne möchte ich hören, daß Du wieder ganz gesund bist.

Ich umarme Dich,
Deine Christa

40 Charlotte Wolff an Christa Wolf

25. 6. 85

Liebe Christa –

Ja – so ist der Mensch – man macht Bewegungen die uns schaden – weil wir getrieben werden – Diese dauernde Mobilität – wohin sie auch geht, ob Kochen, Unkraut ausräumen, Bücher schleppen – warum? Wir sind auf der Suche nach etwas das »richtig« sein soll – und nie ganz (oder??) richtig sein kann. – Deine Hüfte – meine Rückenschmerzen warnen – aber wir wollen, und nichts kann zurückhalten, wenn man absolut will –

Dies Buch mußte ich so schnell wie möglich aus dem Haus haben, nach 5 Jahren Arbeit, etc!! Ich konnte nicht mehr! Aber jetzt finde ich, daß ich es noch nicht verlassen habe. Es spukt in mir herum. Da ist viel drin, was für Dich Bezug haben wird – Du bekommst (Frühjahr 86?!) eine advance copy.

Nein, so hab' ich es nicht gemeint – das wir uns alles sagen werden. Was ich hoffe, glaube, ist, dass wir alles (?) von und über einander annehmen können. Ohne diese dauernde »falsche Vorsicht« – dem andern nicht auf Zehen zu treten. Denn ich fühle, glaube – daß wir mit einander instinktiv u. intuitiv viel gemeinsam haben – was Schritte der Kommunikation natürlich u. direkt machen kann. Wenn Du meine Ausführungen oder Attitudes nicht gern hättest – würde ich es einfach akzeptieren – Keine Furcht vor Kritik –

Wir brauchen doch kein »image« beschützen. Wenn ich müde wäre, nach, beim Sprechen – würde ich Dir sagen – »Jetzt

Schluss – ich kann nicht mehr aufnehmen noch will ich mehr sagen« –

Ich bin noch elend – immer noch Rückenschmerzen und so »cheesy« von London's schlechter Luft und Wohnungsbedingungen – Ich warte, bis alles ein besseres Licht bekommt – dann werde ich (hoffentlich) mich nach »aussen« bewegen – Zu viel, ja immerzu – eine alte Zimmerpflanze.

Christa – dieses Schuldgefühl wenn im Leben eines ihrer Kinder psycho-physische Schwierigkeiten sind – müssen eine tiefere Wurzel haben – Warum fühlt man daß man etwas Wichtiges unterlassen hat, wenn ein Mensch, Freund oder so stirbt – sogar bei »Bekannten«. – – Deiner Tochter wegen häufiger Krankheit ihre Arbeit (die sicher sehr wichtig ist und von ihr mit ganzer Seele evidently gemacht wird) ist mir unverständlich! Sogar »gesetzlich«! Sie, Annette, hat doch 2 Kinder? Der kleine Benjamin, von dem Du mir schriebst muß doch für Euch alle, und sie besonders, ein »Halt« sein! Ein älteres Kind hat automatisch Schwierigkeiten (Selbstzweifel) und auch natürlich Angst, nicht mehr so geliebt zu werden, wenn das zweite Kind etc. kommt. Niemals kann das wirklich ausgelöscht werden, so »klug« und liebend Eltern auch mit dem 1. Kind umgehen. – Ich glaube, da liegt der Haken – und da ist keine »Schuld« – es ist ein Schicksal. –

Werden wir uns sehen, Christa?!

Frankreich war ja nötig – nach dem was Du mir sagst – es hat etwas für Dich getan – Und Du kannst u. musst dem folgen –

Wenn die Zeit kommt, daß es einfach ist, sich zu ereignen, werden wir zusammenkommen. In the meantime habe ich Dir die englische Ausgabe meiner zweiten Autobiographie geschickt – wegen der »Bilder« – weil Du Dich über die »vielen Gesichter von Charlotte« wundertest (?)! Die Druckfehler in dem Buch (alle deutschen Worte falsch gedruckt) haben mich so nahezu verzweifelt –

Im Mecklenburgischen zu sein – es klingt wie Heimat und eine so richtige abode für Dich –

Ich umarme Dich –
Deine Charlotte

41 Christa Wolf an Charlotte Wolff

18. 7. 85

Liebe Charlotte,

hab Dank für das Buch mit Deinen (mehreren) Fotos – sie sagen mir was. Ich kriege immer mehr Sehnsucht. Bist Du wieder gesund? Ich beginne was Neues in meinem Kopf zu spinnen.

Ich umarme Dich.
Christa

Wir fahren traurig zur Beerdigung von Heinrich Böll.

42 Charlotte Wolff an Christa Wolf

bitte nachsenden falls verreist.

23. 7. 85

Hab' mich so gefreut, heute ein Wort von Dir zu haben – von einer traurigen Fahrt. Ich las über Heinrich Böll – Diese kleine Karte nur, um zu fragen, ob Du meinen langen Brief nach Woserin ungefähr am 25. Juni hier abgeschickt, nicht bekommen hast – Sollte ich besser nach Berlin schreiben? Wie geht es Dir?? Ich sehe daß Du »beweglich« bist. Mein Rücken noch immer zweifelhaft – Sonst so so (Ich hab Dir viel im genannten Brief gesagt) – Vielleicht bald ein Wort von Dir??

Deine Charlotte

43 Christa Wolf an Charlotte Wolff

Berlin, 15. 8. 85

Liebe Charlotte,

ich kann Dich telefonisch nicht erreichen. Geht es Dir gut? Ja, ich habe auch Deinen langen Brief bekommen. Nur eine Frage: Wäre es Dir recht, wenn ich Ende Oktober nach London käme? Schreib ganz kurz auf einer Karte ja oder nein. Mußt Dich sonst um nichts kümmern. – Ich schreibe Dir bald mehr.

Herzlich
Deine Christa

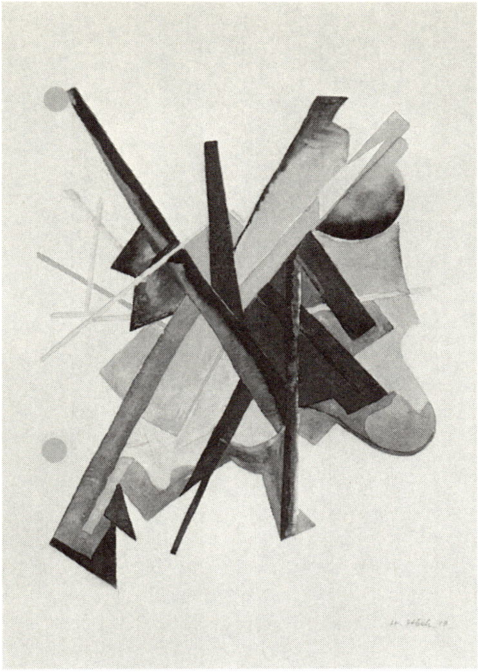

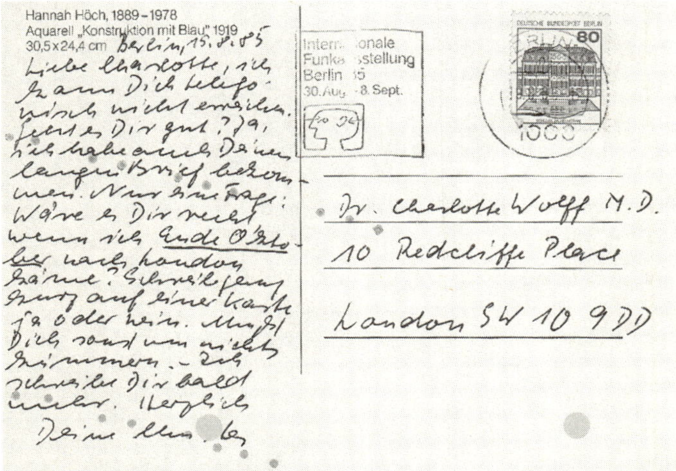

Hannah Höch, 1889–1978
Aquarell „Konstruktion mit Blau" 1919
30,5 x 24,4 cm

Berlin, 15.8.85
Liebe Charlotte, ich kann Dich telefonisch nicht erreichen. Geht es Dir gut? Ja, ich habe auch Deinen langen Brief bekommen. Nur eine Frage: Wäre es Dir recht wenn ich Ende Oktober nach London käme? Schreib ganz kurz auf einer Karte ja oder nein. Mußt Dich sonst um nichts kümmern. – Ich schreibe Dir bald wieder. Herzlich
Deine Ilse [illegible]

Dr. Charlotte Wolff M.D.
10 Redcliffe Place
London SW 10 9DD

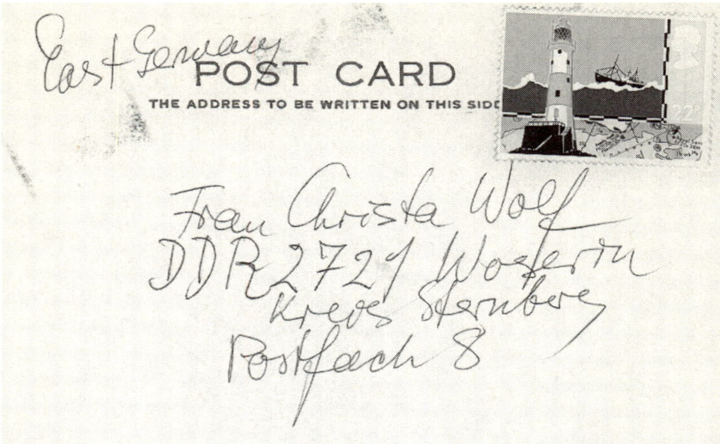

East Germany

POST CARD

THE ADDRESS TO BE WRITTEN ON THIS SIDE

Frau Christa Wolf
DDR 2721 Woserin
Kreis Sternberg
Postfach 8

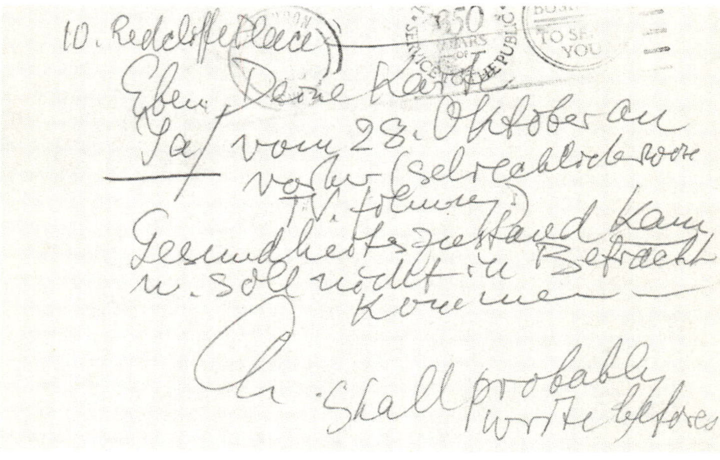

10. Redcliffe Place

Eben Deine Karte
Ja / vom 28. Oktober an
vorher (schreckliche [illegible]
T.V. filming)
Gesundheitszustand kam
u. soll nicht in Betracht
kommen –

Ch

Shall probably
write before

44 Charlotte Wolff an Christa Wolf

10. Redcliffe Place
Eben Deine Karte
Ja / vom 28. Oktober an
vorher (schrecklicherweise TV.Filmung)
Gesundheitszustand kann u. soll nicht in Betracht kommen –

Ch. shall probably
write before

45 Christa Wolf an Charlotte Wolff

11. 9. 85

Liebe Charlotte,

ich werde noch versuchen, zu telefonieren – bin heute und morgen in Berlin. Ich schrieb Dir, daß ich Ende Oktober Dich besuchen würde – Deine Antwort hat mich auch erreicht, aber noch nicht die Einladung von Virago Press, die ich mir erbeten hatte und auch brauche, um das englische Visum zu bekommen, für das ich 4–6 Wochen Zeit brauche. Daher ist noch ein Unsicherheitsfaktor in dem Zeitpunkt meines Besuchs, aber ich möchte Dich gerne sehen. Ich möchte auch jetzt wissen, wie es Dir geht. Ich werde mit Gerhard noch so lange wie möglich, mit kurzen Unterbrechungen, in Mecklenburg bleiben. Der Arbeitsertrag des Sommers ist bei mir nicht groß, ich hoffe noch ein wenig auf den Herbst. Wir haben aber begonnen, uns in der neuen Umgebung einzuleben, wir waren viel mit den Kindern zusammen – das alles sind Geschenke, die ich zu schätzen weiß. Ich beschäftige mich wieder mal mit der Exil-Problematik, Gerd auch, das Interesse daran wird mit dem Zeitabstand eher größer als geringer. Ich telefoniere also bestimmt rechtzeitig, wenn ich weiß, daß ich kommen kann.

Ich umarme Dich,
Deine Christa

46 Charlotte Wolff an Christa Wolf

bitte sofort nachsenden, falls verreist.

14. 9. 85

Liebe Christa – soeben Deine Karte. –

Schade nicht telephonisch von Dir gehört zu haben. Es geht mir sehr elend. Unerwartete, schwere Arbeit mit meiner Lektorin, die kein Wort deutsch versteht, haben mich »an den Rand« gebracht. Und dazu kamen (und kommen) domestic difficulties – No heating facilities, die gesundheitlich nicht schädlich sind, kann ich für Redcliffe Place bekommen. Die alten sind – kaputt gegangen. Da ein Unsicherheitsfaktor für Dein Kommen in kurzer Zeit besteht, wäre es wünschenswert zu warten, bis ich »besser« bin. Würde Dir Briefe mit Freude schreiben. Verstehe aber, daß Du nicht korrespondieren kannst, weil Du so an Deinem Buch arbeitest. – Ich kenne das.

Love, Ch.

47 Charlotte Wolff an Christa Wolf

20. Oktober 85

Ich liege im Bett mit Influenza. Habe bis 11. Okt. noch arbeiten müssen – Illustrationen, Bibliographie meines Buches – Nun kommt the »aftermess«. Ich fühlte – daß der Zeitpunkt nicht da war, intuitiv oder schon geschwächt! Filmgeschichte abgesagt – natürlich – den 12. 11 kommen schon die ersten »Fahnen« des Buches, am 7. Januar die zweiten – Hoffe, daß ich all das schaffe!! Kaum komme nicht im Juni – Hamburg. Ganz falsch für mich in jeder Hinsicht. Habe Prospekt gesehen – –

Wie geht es Dir! Möchte gern wissen. Hätte manches oder sehr viel Dir zu sagen. Kann aber jetzt nicht schreiben – évidamment – Ich weiß von Deinem Telefonanruf, daß Ihr jetzt in Berlin seid – Macht Verbindung etwas leichter

Herzlich –
Deine Charlotte

48 Christa Wolf an Charlotte Wolff

3. November

Liebe Charlotte,

es ist Sonntag, vor einer Stunde versuchte ich Dich anzurufen, um zu erfahren, was mit Deiner Influenza los ist, niemand antwortete. Deine Karte hat so einen hastigen, kurzatmigen Stil. Ein Glück, daß Du keine Filmaufnahmen machst! Wenn Du es nur schaffst, in so kurzer Zeit die Druckfahnen zu korrigieren. – Ich verstehe, daß Du nirgendwo hinfahren willst, wir müssen uns halt in London treffen, wenn Du Dich wieder kräftiger fühlst.

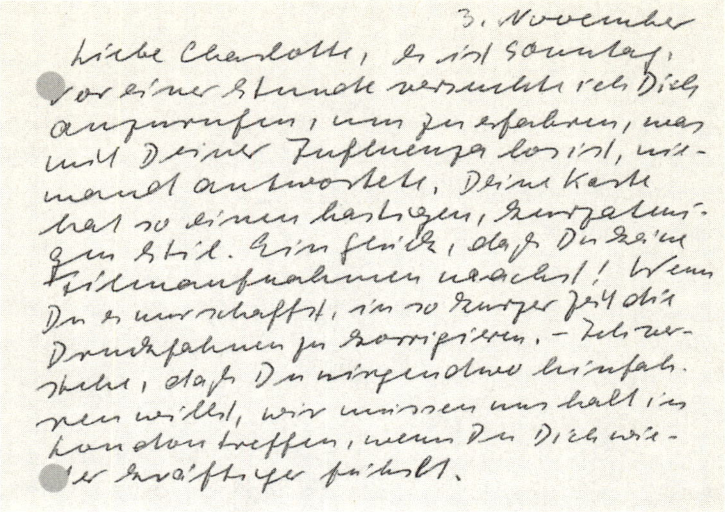
3. November
Liebe Charlotte, es ist Sonntag, vor einer Stunde versuchte ich Dich anzurufen, um zu erfahren, was mit Deiner Influenza los ist, niemand antwortete. Deine Karte hat so einen hastigen, kurzatmigen Stil. Ein Glück, daß Du keine Filmaufnahmen machst! Wenn Du es nur schaffst, in so kurzer Zeit die Druckfahnen zu korrigieren. – Ich verstehe, daß Du nirgendwohin fahren willst, wir müssen uns halt in London treffen, wenn Du Dich wieder kräftiger fühlst.

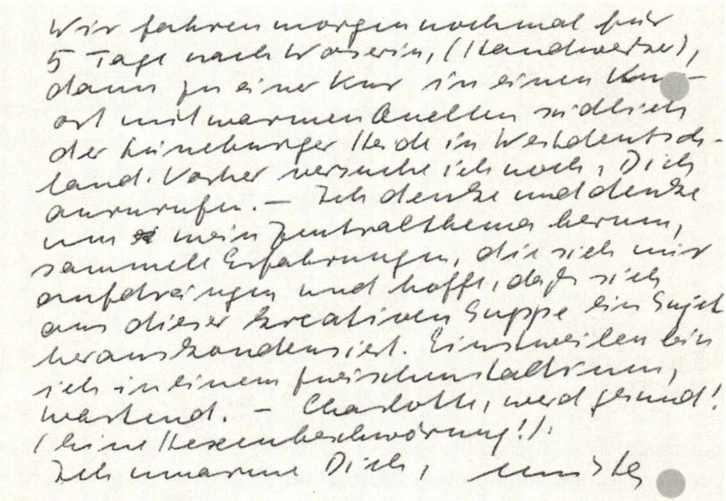
Wir fahren morgen nochmal für 5 Tage nach Woserin, (Mecklenburg), dann zu einer Kur in einem Kurort mit warmen Quellen südlich der Lüneburger Heide im Westdeutschland. Vorher versuche ich noch, Dich anzurufen. – Ich denke und denke um mein Zentralthema herum, sammele Erfahrungen, die sich mir aufdrängen und hoffe, daß sich aus dieser kreativen Suppe ein Sujet herauskondensiert. Einstweilen bin ich in einem Zwischenzustand, wartend. – Charlotte, werd gesund! (Eine Hexenbeschwörung!)
Ich umarme Dich, Christa

Wir fahren morgen nochmal für 5 Tage nach Woserin, (Handwerker), dann zu einer Kur in einen Kurort mit warmen Quellen südlich der Lüneburger Heide in Westdeutschland. Vorher versuche ich noch, Dich anzurufen. – Ich denke und denke um mein Zentralthema herum, sammele Erfahrungen, die sich mir aufdrängen, und hoffe, daß sich aus dieser kreativen Suppe ein Sujet herauskondensiert. Einstweilen bin ich in einem Zwischenstadium, wartend. – Charlotte, werd gesund! (keine Hexenbeschwörung!)

Ich umarme Dich,
Christa

49 Christa Wolf an Charlotte Wolff

Bad Bevensen, d. 2. 12. 85

Liebe Charlotte,

wir sind jetzt schon gut zwei Wochen hier im warmen Salz-Jod-Wasser, schwimmen darin herum, worüber Du so gelacht hast, und es scheint uns ganz gut zu tun. Strengt auch an, die Schreib-Lust kommt ganz zum Erliegen. Aber wir hoffen, damit unsere Knochengerüste ein wenig geschmeidiger zu machen ...

Wie geht es Dir. Hast Du Dich inzwischen erholt! Ich glaube, derartig über Deine Kräfte solltest Du nicht mehr arbeiten. Ich denke immerzu an das, was Du über Deine Wohnung gesagt hast – läßt sich wirklich nichts finden, was ruhig und warm ist! Es geht so schlecht, in einer feuchten Wohnung zu wohnen mit Ischias!

Ich habe jetzt nach einem aufregenden Jahr – wegen Annette,

der Großen, die viel zu bewältigen hatte und es tapfer, gut und klug bewältigt hat – eine merkwürdig ruhige Zeit. Ich denke über mögliche Schreib-Projekte nach, mache mir Notizen und warte, daß sich etwas kristallisiert. Ich bin augenblicklich ziemlich faul, glaube ich. Es stört mich nicht (mehr) oder kaum, auch mein Ehrgeiz ist geschwunden, mir kommt es nicht so wichtig vor, die Welt noch mit einem weiteren Buch zu beglücken. Obwohl ich es sicher irgendwann tun werde. Mich beschäftigt immer wieder die Frage nach der Wurzel der selbstzerstörerischen Tendenzen in den menschlichen Gesellschaften. Und hier, unter meist älteren Westdeutschen, beobachte ich noch etwas: Die (Über-)Macht der Medien. Wie die Leute süchtig sind auf problemloseste Unterhaltung und auf die Möglichkeit, sich mit Trivial-Figuren aus irgendwelchen Fernseh-Serien zu identifizieren. Nicht mit ihren Angehörigen setzen sie sich echt auseinander, sondern mit fiktiven Figuren, die ihnen keinen Widerstand entgegensetzen und sie ins Nichts führen. Woher dieses Bedürfnis, das mir gar nicht so fremd ist? – Ich glaube, und beobachte an mir, daß die Realität so undurchschaubar und vor allem unbeeinflußbar geworden ist, daß man es müde wird, seine Energie auf diese Veränderung zu richten. Ich nehme z. B. bewußt nicht mehr alle Informationen auf, die mir über die Aufrüstung auf beiden Seiten und die hinter ihr stehenden Strukturen zugänglich sind – ich habe eine Art Angst davor und eben die Hoffnung, daß ich das beeinflussen kann, verloren.

Kennst Du das Goethe-Wort: »Wir wollen die Veränderungen nicht wünschen, aus denen eine deutsche klassische Nationalliteratur hervorgehen könnte ...« Er meinte: Wir wollen die revolutionären Veränderungen nicht wünschen. Und heute? Im Grunde müssen auch wir wünschen, daß alles so (schlecht) bleibt, wie es ist, und es ist ja auch keine wirklich bedeutsame, starke und international wirksame Widerstandskraft in Sicht.

Das sind so unsere Gespräche und Gedanken hier beim Kur-Machen, und im übrigen lese ich Trivial-Zeitschriften, Krimis und – Goethe. Und ich träume sozusagen Tag und Nacht intensivst und abstrusestes Zeug, anscheinend wird in mir das Unterste zuoberst gekehrt.

So, liebe Charlotte, nun habe ich Dir ein bißchen von mir erzählt. Schreib mir eine kurze Karte nach Berlin – nur, wie es Dir geht.

Grüße von Gerhard.

Ich umarme Dich,
Deine Christa

50 Charlotte Wolff an Christa Wolf

8. XII. 85

Liebe Christa – Wie gut Deinen Bericht zu haben. Ich war erfreut, wie immer, Deine Schrift zu sehen. Und diesmal – auch wirklich von Dir viel mehr zu hören. Es wärmt mich, zu wissen wie Du Dich fühlst und so – Bad Bevensen, das im Winter solche Heilkur bietet, und Euch beiden richtig gesundes Wasser zum Schwimmen gibt – das erscheint mir wie ein kleines (?) Wunder. Salz-Heißquelle ist entspannend und doch auch Kreislauf-anreizend. Und noch dazu disinfiziert mit dem besten Heilmittel gegen Infektionen – Salz – Es muß Euch guttun und Du klingst ganz danach. – Was Du mir von Euren Diskussionen erzählst – is a hit ins centre – Ja, Fliegen! Flucht von andern, vom Selbst, vom Ändern der Weltsituation, und oder von beiden Seiten derselben!! Die Medien haben seit Jahrhunderten (??) Menschen diese Leben (Vegetieren) – aus zweiter oder dritter Hand auferlegt. – Und so kommt nichts weiter – denn wenige sind! Was mich besonders berührt, im Radio und TV, ist die vollständige Kälte der Redner – newsreporters etc – Die sprechen von den umwerfenden Hungersnöten, Mord etc. – als ob es ein Nichts was einen angeht, wäre. Diese Abstumpfung aller menschlichen (sensitiven) Reaktionen macht seelentot – Ja, die »Realität«? unserer Welt ist so verzwickt und undurchschaubar – dass man sich nicht darauf einlassen kann – Da kommt aber ein Positives davon – die innere Notwendigkeit nach Nähe mit einigen die man »nahe« fühlt und die nahe sind – ob in Liebe, Freundschaft oder was man auf vielen Ebenen – warme, nahe Beziehungen nennen kann.

Den Goethe-Satz kannte ich nicht – und wie weise er war wußte ich nicht.

Daß Du solch abstruses Zeug Tag und Nacht träumst, scheint mir wie ein Erdbeben der Seele – da kann man seine »geologischen« Schichten sehen (?) die nie von der Tagesperson erkannt und geahnt werden. – Hast Du repetitive dreams?? Mein nightmare kommt immer wieder – Ich gehe allein in schöner, gebirgiger Landschaft – oder Naturpark – muß aber eine Unterkunft finden – Und mir wird auch das Gehen angstmachend – dann komme ich entweder nirgends an – und es fängt an zu regnen oder – ich gehe in Häuser, die ich besuchte in früherer Zeit und da ist alles – voll – Kein Eintritt – Und viele Leute in einem (früher meinem) Zimmer – »No Place on Earth!« wie man Dein Buch hier betitelt hat! – –

Nachdem ich Dir (schon fast vor 10 Monaten oder länger) einen langen Brief schrieb, damals als Du von Deiner Tochter Annette sprachst – ich noch schwer – denkend und fühlend – wie unzureichend man (ich) ist – zu sprechen – da man ja nichts übersehen kann ohne die Menschen und ihre »Zustände« selbst erlebt zu haben. Nur eins wage ich hier zu sagen – Ich glaube, dass manche Menschen sich komplizierte, fast unlösbare Probleme und menschliche Schwierigkeiten aussuchen – weil sie diese weiter brauchen um einen neuen (?) Horizont zu sehen und sich zu erweitern – Oder ist das wishful thinking?

Du fragst wie es mir geht – Sehr schlecht. Meine Gesundheit ist besser, aber ich bin schwach. Viel mehr durch die wahnsinnige und geradezu zerstörende Arbeit mit den »Fahnen« des Buches, und dem Mangel an Hilfe von Lektoren als aus Alter oder physischen Gründen. (See back of page)

Die Druckfehler dieser Maschinendrucker sind unglaublich, aber deren Schwachsinn! eine Bibliographie absolut auf den Kopf zu stellen war ein Schock, den ich nicht überwinden kann.

Die haben alle Fehler gemacht, die man sich denken, und solche – die undenkbar sind – z. B. die Werke von 2 Autoren sind zusammengeworfen – auf einen Eintrag – die zum Werk eines Schreibers gehören, sind einem andern gegeben – Und manche »Verlage« stehen allein, als ob sie Zeitschriften wären. I went »round the bend« zum Haarausraufen ist es.

Und mein Lektor im Verlag (ein anderer, der das Buch durchsah) schrieb Texte für Buchumschlag und Katalog, die falsche Information über die wichtigsten Ereignisse geben und den Sinn, wie die Art meines Vorgehens in diesem Buch – auf den Kopf stellen.

Ich hab natürlich verboten, diesen Unsinn zu drucken. –

Über die Wohng hier, bei Audrey, wo ich schlafen muss wegen Pianisten im Redcliffe Place und wo ich ganz und gar sein muss, wenn ich krank bin – (wie jetzt!) –!! Es ist nichts zu ändern möglich. In London kann man nichts finden, wenn man nicht ein Vermögen Geld hat – und dann weiß man auch nicht, ob man nicht vom Regen in die Traufe kommt. – Redcliffe Place

– ist schön hell, gesund – im Sommer – Heizung wegen großer hoher Räume ungenügend, im Winter, wenn man nicht gesund ist.

Ich umarme Dich
Deine Charlotte

51 Christa Wolf an Charlotte Wolff

Liebe Charlotte,

zum Wechsel dieses Jahres bin ich mit guten, beschützenden Gedanken bei Dir. Erhol Dich bald, gut und nachhaltig, bleib gesund. Und auf ein Einander-Sehen 1986!

Deine Christa

Liebe Charlotte,

ich wünsche Dir, daß diese Boote für Dich im nächsten Jahr in einem guten Wasser schwimmen.

Herzlich
Christa

Liebe Charlotte,
ich wünsche Dir, daß
diese Boote für Dich
im nächsten Jahr in
einem guten Wasser
schwimmen.
Herzlich
Ursula

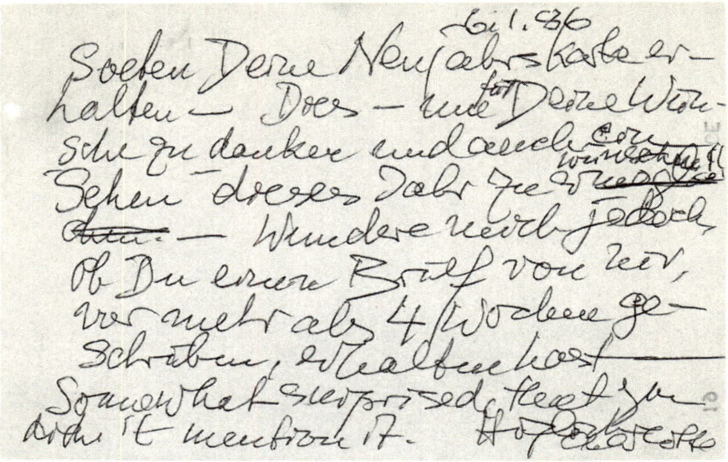

52 Charlotte Wolff an Christa Wolf

6. 1. 86

Soeben Deine Neujahrskarte erhalten – Dies – und für Deine Wünsche zu danken und auch ein Sehen dieses Jahr zu wünschen!! – Wundere mich jedoch, ob Du einen Brief von mir, vor mehr als 4 Wochen geschrieben, erhalten hast – Somewhat surprised that you didn't mention it.

Herzlich
Charlotte

53 Christa Wolf an Charlotte Wolff

Berlin, d. 24. 1. 86

Liebe Charlotte,

diesmal ein Briefchen mit Maschine. Ich sehe an Deiner Karte, an ihrem Schriftbild, daß es Dir wahrscheinlich noch immer nicht gut geht, daß Du Dich wohl schwer erholst. Tust Du wirklich alles, was dazu nötig ist? Eine ganz bewußte Entspannung? Ist da jemand, der Dich darin unterstützt? Entschuldige die Fragen, sie entspringen einer gewissen Sorge, die vielleicht unbegründet ist. Übrigens: den Brief, nach dem Du fragst, habe ich bekommen, da mußt Du nicht beunruhigt sein.

Von mir nicht viel Neues. Ich bin in einem gewissen Streß, hier in Berlin sind die Anforderungen, die mich bedrängen, zahlreich und vielfältig, die paar Stunden am Tag für das Schreiben müssen freigekämpft werden. Dazu kommt, daß ich merkwürdigerweise nicht das schreibe, was ich eigentlich seit Jahren schreiben will, dafür etwas anderes, was meine Zeit immer mehr überwuchert. Kennst Du so was? Übrigens bin ich trotzdem und obwohl ich übers Neue Jahr eine Grippe hatte, in ganz guter Verfassung, nur beobachte ich als Anzeichen des Alterns an mir, daß ich schneller müde werde. Und: daß ich sehr vieles, was ich erlebe, erfahre, lese, einordnen kann in einen Zusammenhang von schon früher Erfahrenem, Gelesenem, Erlebtem. Immer mehr wird das Leben zu einem Gewebe, grundsätzlich Neues geschieht immer seltener. Das kennst Du vermutlich gut. Oder ist es anders, wenn einem, wie Dir, einmal der frühere Lebenszusammenhang zerrissen wurde und wenn man dann gezwungen ist, so viele lose Enden hängen zu lassen, immer wieder etwas neu anzufangen … Behält man da das Gefühl, daß das Leben ein Torso bleibt? Oder überwiegt, wie vielleicht bei Dir, das Gefühl, daß man eine Chance bekommen hat, seine Kräfte bis aufs äußerste anzustrengen, um sich überhaupt über Wasser zu halten?

Gespannt bin ich auf Dein Buch. Hauptsächlich aber will ich noch ein ordentliches Bündel geballter Energie auf das Papier ausstrahlen und es dann schnell im Umschlag verschließen, daß es als heilsame Ausstrahlung bei Dir ankommt ...

Alles Gute, sei bald gesund,
Deine Christa

54 Charlotte Wolff an Christa Wolf

5. Februar 86

Liebe Christa,

ich habe mich sehr gefreut Dein warmes, kleines Briefchen (Schreibmaschine) zu bekommen. Und da ich ja Dein Schriftbild sehr gut nun kenne, bin ich nicht mehr erpicht aufs Handschreiben. Hier siehst Du meine mangelhafte Erfahrung und Technik des Tippens. Aber es ist gut, sich darin zu üben. Dir geht's so richtig von der Hand, mir garnicht.

Natürlich war Deine Intuition über meinen Angst- und Erschöpfungszustand, den Du aus meiner Karte sahst, genau auf den Nagel getroffen. Bin immer noch in schlechter Gesundheit und einer Depression. Mein Lektor nennt die richtig »Postnatal-Depression«. Nach diesem wahnsinnigen effort über all die Jahre und die Schwierigkeiten, die ich hier mit der Produktion des Buches durchmachte (unfähige Drucker und keine Kenntnisse der deutschen Sprache meiner Lektoren; ich habe zwei). Das hat doch meine »Arbeit« unselig für Monate verlängert und ist nie befriedigend gewesen. Na ja, hab' Dir das doch schon alles viel früher in einem Brief erzählt. Meine Ärztin hat mir verboten, noch irgend etwas mit meinem Buch zu tun zu haben, und so ist der Index von andern gemacht worden. Sehr bedauerlich, aber notwendig.

Du sprichst schon von einem Gefühl des Alters, durch schnellere Müdigkeit. Ich glaube nicht daran. Für mich bist Du in einem für Deine Arbeit grossartigem Alter und ich habe das Gefühl, dass Du es furchtbar schwer findest etwas abzulehnen, und Dich mit zu vielen verschiedenen Angelegenheiten, die sehr anstrengend sind müde machst. Und ich frage mich, wie oft Du Dinge annimmst oder unternimmst die Dir eigentlich nicht liegen?

Ein wiederkehrender Satz von Dir ist das man nach einem gewissen Alter nur Variationen des »Bekannten« erleben kann. Variation ist eine »Erneuerung« und kann inspirierend sein. Das weiss ich aus Erfahrung. Aber, Du hast recht wenn Du annimmst, dass mein »Fall« ganz anders ist. In der Tat, nach einem Jahr von Deutschland weg, wusste ich, dass alles Frühere aus meinem Leben abgerissen war und – ich erschuf mir unter zwingenden und unglaublich merkwürdigen Umständen ein ABSOLUT neues Leben. Kein Land in Europa, in dem ich lebte oder reiste ist mir so »fremd« wie Deutschland. Obwohl ich alte Erinnerungen wiederzubeleben suchte in den letzten 7 Jahren. Und auch gewisse Verbindungen herstellte. Und die so tief liegende Not nach der Muttersprache meldete sich bestimmt und ist noch immer da.

Mein »Portrait« von Magnus Hirschfeld wird wohl mein letztes Buch sein. Ich glaube nicht dass ich jemals wieder die Kraft habe etwas »Langes« zu machen. Ich habe einen Auftrag von Rüdiger Lautmann (Professor Soziologie und Jurisprudenz Bremen) angenommen, in einem Sammelbuch über Hirschfeld views on female »homosexuality« (Wort sehr doubtful) anzunehmen. Ich schreibe (erst im Herbst hab ich es versprochen) Hirschfelds Ansicht über Liebe zwischen Frauen. Ich wollte noch einen kleinen Roman schreiben bevor meine Gesundheit so detiriorierte, aber ich glaub nicht mehr daran. Aber man weiss ja nicht wie es weitergeht – – Vielleicht erhole ich mich doch noch genug, um mich ganz anders als jetzt zu fühlen.

Du bist stark und kannst so viel in Kauf nehmen, zusammen mit einer treibenden Kraft Dein Werk weiterzuführen. Wie leicht Du eine Grippe (ziemlich häufig höre ich von solcher) überwindest – – das ist Zeichen einer starken, wohl ausgezeichneten Konstitution.

Ein Wort von Dir ist Balsam. So weiss das mal klar und deutlich.

Ich umarme Dich
Deine Charlotte

55 Christa Wolf an Charlotte Wolff

15. 3. 86

Liebe Charlotte,

dies ist nur ein kurzer Zwischen-Gruß, zum Zeichen, daß ich an Dich denke. Ich bin mit Gerd hier in Bayern, habe heute eine Lesung, morgen ein langes Interview. Ich werde noch versuchen, Dich anzurufen, ehe wir vor Ostern nach Mecklenburg gehen.

Sei gesund!
Deine Christa

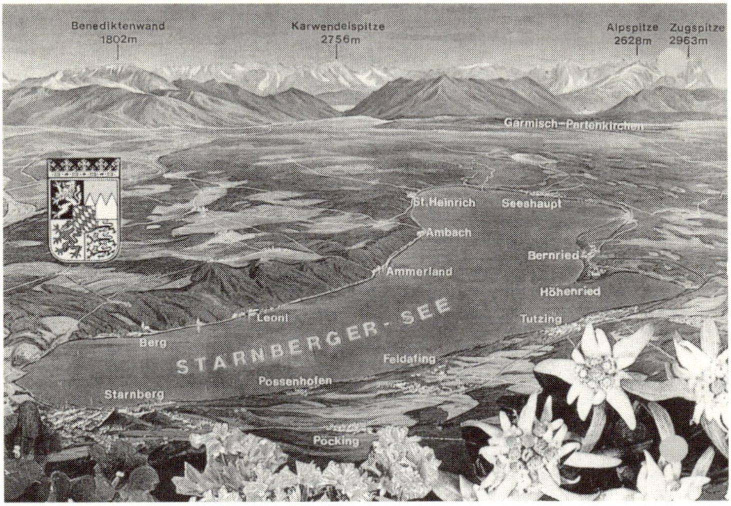

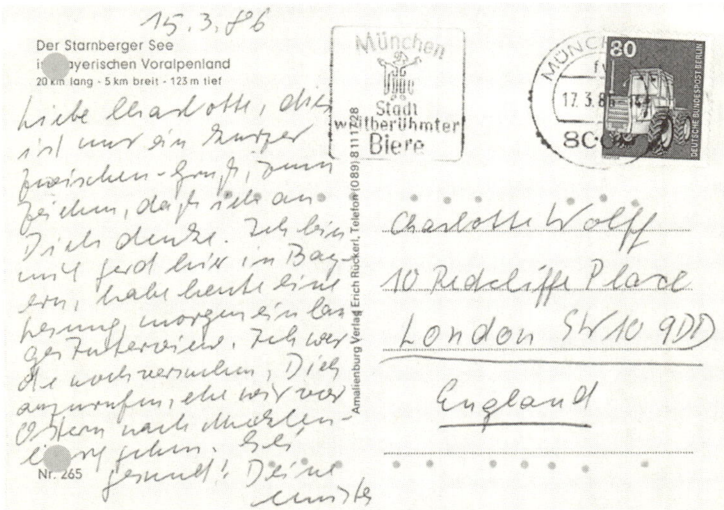
15.3.86

Der Starnberger See
im bayerischen Voralpenland
20 km lang - 5 km breit - 123 m tief

Liebe Charlotte, dies ist nur ein kurzer Zwischen-Gruß, zum Zeichen, daß ich an Dich denke. Ich bin mit Gerd hier in Bayern, habe heute eine Lesung, morgen ein langes Interview. Ich werde noch versuchen, Dich anzurufen, ehe wir vor Ostern nach Mecklenburg fahren. Sei gesund! Deine Christa

Nr. 265

Amalienburg Verlag Erich Rückerl, Telefon (089) 8111728

München
Stadt weltberühmter Biere

80
DEUTSCHE BUNDESPOST BERLIN

17.3.86
8000

Charlotte Wolff
10 Redcliffe Place
London SW10 9DD
England

56 Charlotte Wolff an Christa Wolf

15. März 86

Liebe Christa – Schon viele Wochen sind vergangen, seit ich Dich am Telephon hörte. Und nun ist hier erste beinahe richtige Frühlingstag. Denke an Dich – es muss belebend und erweckend in Woserin in Eurem Garten sein. Wenn ich Deine T. Nummer wüsste, würde ich diesen Augenblick anrufen. Wahrscheinlich bist Du absolut engagée in Deiner Arbeit u. vielem andern – da kann man natürlich nicht »korrespondieren«. Ich weiss u. daher verstehe das!

Love, Charlotte

57 Charlotte Wolff an Christa Wolf

5. April 86

Liebe Christa – Yesterday kam die advance copies of my new book. Und heute morgen geht ein Exemplar an Dich nach Woserin ab bei Einschreiben u. Express –

Wie war München's – langes interview? Ich kannte München, den Starnberger See etc – sehr gut – –

Immer noch in doldrums von Osteoarthritis im Rücken u.s.w. Aber doch sehr einen change of scene wünschend.

Herzlichst
Deine Charlotte

58 Christa Wolf an Charlotte Wolff

Woserin, 9. 4. 86

Liebe Charlotte,

ja, Du hast recht, mich zu mahnen. Ich bin säumig im Schreiben. Diesmal lag es daran, daß ich, kaum hier in Woserin angekommen, doch noch von der Grippe ergriffen wurde, die den Winter über jeden zweiten Berliner angefallen hat. Meine Schreiblust sank! Aber das ist vorbei, wir haben sogar schon, mit mäßigem Erfolg, versucht, um das Haus herum sauber zu machen. Es ist fast die ganze Zeit über trübe, windig, kalt – bei Euch wird es nicht anders sein. Nein, liebe Charlotte, ich bin absolut noch nicht »engagée« in meiner Arbeit, es ist wie verhext, die Arbeit scheint sich von mir zurückzuziehen. Aber nun ich draußen den Rasen harke, schreibt es in meinem Kopf. Es ist diesmal eine lange Pause. Nun lese ich mit dem gleichen Erschrecken wie beim erstenmal nochmal Deinen letzten Satz: »I am still dead tired.« Was könnte man nur tun, um Dich zu beleben. Ich setze meine Hoffnung auf den Frühling, darauf, daß der biologische Kreislauf in der Natur <u>und</u> in uns wieder in Gang kommt. Du hast anscheinend alle Deine Reserven erschöpft, was nützt es, darüber jetzt zu schimpfen. – Ich werde im Juni in Griechenland sein – sie wollen »Kassandra« verfilmen, sonst den Sommer über hier. Schreib mir, wenn es Dir Spaß macht.

Ich denke oft an Dich,
Christa

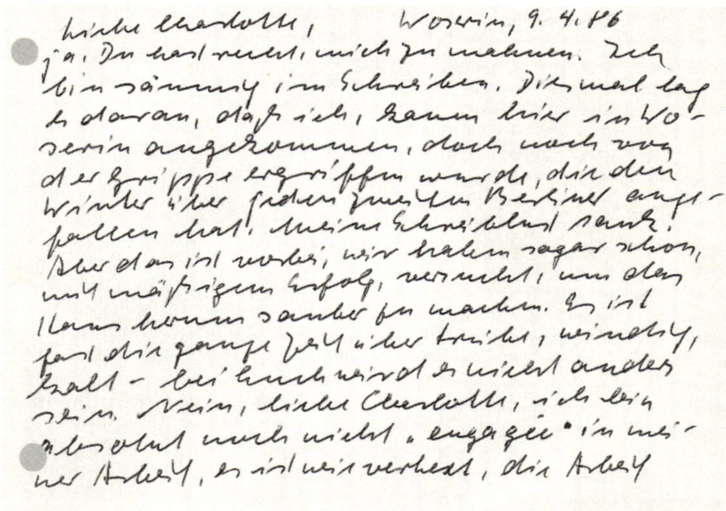

Liebe Charlotte, Woserin, 9. 4. 86
ja, Du hast recht, mich zu mahnen. Ich
bin säumig im Schreiben. Diesmal lag
es daran, daß ich, kaum hier in Wo-
serin angekommen, doch noch von
der Grippe ergriffen wurde, die den
Winter über jeden zweiten Berliner ange-
fallen hat. Meine Schreibhand sank!
Aber das ist vorbei, wir haben sogar schon,
mit mäßigem Erfolg, versucht, uns das
Haus hier sauber zu machen. Es ist
fast die ganze Zeit über trübe, windig,
kalt – bei Euch wird es nicht anders
sein. Nein, liebe Charlotte, ich bin
absolut noch nicht „engagée" in mei-
ner Arbeit, es ist wie verhext, die Arbeit

2) scheint sich von mir zurückzuziehen. Aber
wenn ich draußen den Rasen harke
schreibt es in meinem Kopf. Es ist dicht und eine lange Pause.
Nun lese ich mit dem gleichen Erschrecken
wie beim erstenmal nochmal Deinen letzten
Satz: „I am still dead tired." Was könnte
man nur tun, um Dich zu beleben. Ich
setze meine Hoffnung auf den Frühling,
darauf, daß der biologische Kreislauf
in der Natur *und* in uns wieder in Gang
kommt. Du hast anscheinend alle Deine
Reserven erschöpft, was nützt es, darüber
jetzt zu schimpfen. – Ich werde im Juni
in Griechenland sein – sie wollen „Kassan-
dra" verfilmen, sonst den Sommer über
hier. Schreib nur, wenn es Dir Spaß macht.
Ich denke oft an Dich. Christa

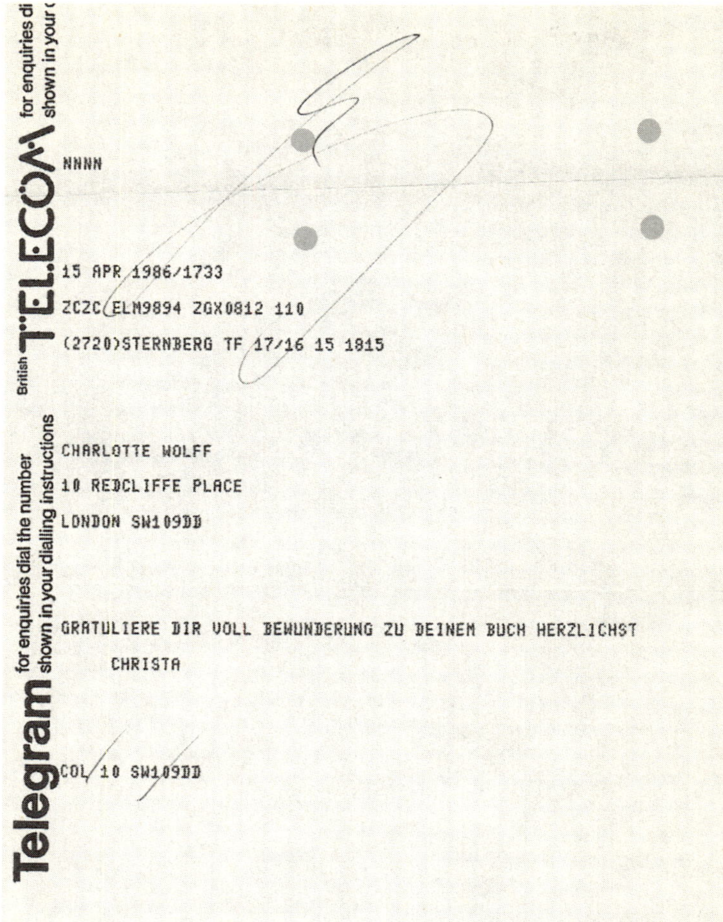

Telegram for enquiries dial the number shown in your dialling instructions

British TELECOM for enquiries dial the number shown in your dialling instructions

NNNN

15 APR 1986/1733

ZCZC ELM9894 ZGX0812 110

(2720)STERNBERG TF 17/16 15 1815

CHARLOTTE WOLFF

10 REDCLIFFE PLACE

LONDON SW109DD

GRATULIERE DIR VOLL BEWUNDERUNG ZU DEINEM BUCH HERZLICHST

CHRISTA

COL 10 SW109DD

59 Christa Wolf an Charlotte Wolf

Sternberg, 15 Apr 1986

GRATULIERE DIR VOLL BEWUNDERUNG ZU DEINEM BUCH HERZLICHST

CHRISTA

60 Charlotte Wolff an Christa Wolf

17. April 86

Liebe Christa –

Gestern bekam ich Dein Telegramm and mit Freude did I jump up – trotz der Osteoarthritis. Ich vergass die – im Augenblick. Oh, wie schön, daß Du das getan hast – Ich danke Dir.

Und ein paar Tage vorher kamen diese 2 eng beschriebenen Karten, die mir eine Idee von Woserin geben – Was für eine alte Siedlung, so tragend mit »Geschichte«, Grün und gesund und belebend, sehen diese kleinen Häuser, die Felder und der weite Weg im Flachland aus. So gesund!! Und dann noch ein »Herrenhaus« wie es sich wohl gehörte. –

Ich bin entzückt daß Kassandra in Griechenland gefilmt wird. Deine Anwesenheit dort ist doch als Consultant nötig – denke ich mir. Wer spielt Kassandra??

Ich wollte Dir sowieso schreiben und Dich auch an manches erinnern, was Dir wohl aus dem Kopf gegangen ist. Du musst ja eine schwere Last von Anfragen, Treffen und vor allem Deiner eigenen Haus-»Arbeit« etc haben, dass ich mich nicht wundere über »Gedächtnislücken«. Du versprachst mir Deine Telefonnummer in Woserin – Ich möchte sie haben, im Fall ich doch noch einmal nach Berlin kommen kann.

Im Augenblick sieht alles neblig aus. Ich fühle mich schwach und habe Schmerzen im Rücken. Nun, ich wollte Dich auch erinnern, daß ich Dir von den »traumatischen« Erlebnissen mit den Druckern meines Buches und den Lektoren, die wie die Drucker kein Wort deutsch verstehen, erzählt habe. Davon bin ich krank geworden. Viel mehr so als von der absoluten Devotion (mit viel kompliziertem Suchen etc.) für meine Arbeit über Hirschfeld's »Portrait«.

Du erzählst mir daß Du den Rasen »harkst« – sind das Steine oder Zweige die Du rauskehrst? Oder gräbst Du den Rasen um? Das ist doch schwere Arbeit! Aber was mich faszinierte ist – daß es im Kopf bei der Arbeit schreibt. Ja! Hand und Gehirn, die sind so verbunden und – geben nicht nur Stöße in die Circulation – sie tun mehr – was und wie – das ist individuell. Gehen – Fuß etc – bewegung hat doch auch oft einen Einfluss auf »neues Werk« im Kopf – Da ist noch viel zu lernen – Die Grippe bekommst Du zu oft – aber da kann man nichts machen als sich vor Ansteckung doch »vorsehen« (wenn möglich!) Glücklicherweise überwindest Du das schnell und bist so quick bei der Arbeit danach.

Seit 10 Tagen bin ich bei Audrey, die nahe von Redcliffe Place wohnt u. jeden Tag dorthin geht. Leider kann ich noch nicht in meiner eigenen Wohng. sein – Wie Du ja schon weisst – ich gehe von Audrey's (wo ich immer schlafe wegen Pianist at night in R. Pl.) von 8 AM – 5 1/2 PM. Das vermisse ich furchtbar. Es ist schön dort (wenn dr P. nicht spielt) – mit meinen Büchern – Papieren – meiner **Arbeit** – von (einst bis jetzt!)

Außer Audrey und meiner Ärztin sehe ich niemanden – Lese, schlafe, denke! Alles bleibt nur beim Denken – Dieser Brief ist der erste seit ich den neuen Anfall von Osteoarthritis bekam –

Wie weit und befreiend »fühlt« sich Dein Leben in Woserin an –

In solcher Luft und weiten Landschaft –

Wie lange bleibt Ihr dort, bevor Ihr wieder für den Winter nach Berlin geht? Ich frage, immer noch in der Hoffnung Dich in Berlin zu sehen –

De tout mon cœur
Deine Charlotte

61 Christa Wolf an Charlotte Wolff

23. 4. 86

Liebe Charlotte,

dies wird ein Schmetterlingsbrief, das Papier habe ich voriges Jahr in einem Frauenladen in Bologna geschenkt bekommen. Ich will Dich nur frühlingshaft grüßen und Dir noch mal die Hände drücken für Dein Buch. Ich habe es noch nicht »richtig« gelesen (es geht im Englischen nicht so flüssig bei mir), mehr darin geblättert, hier und da genauer hingesehen. Ich glaube, es ist, wie alle Deine Bücher, eine Pioniertat, Du hast recht daran getan, alle Deine Kraft hineinzustecken. Ich wünsche Dir eine wache und die Bedeutung eines solchen Buches begreifende Aufnahme, und eine schnelle Übersetzung ins Deutsche – wo ein solches Werk am allerwichtigsten ist. Und ich wünsche Dir nun, daß die Quellen wieder fließen mögen, die zu Deiner Erholung und Genesung führen. Daß Du wieder »hochkommst«, wie die Berliner sagen. Ich bin noch nicht wieder richtig im Schreiben. Ich ahne, woran es liegt: Irgendein Block von Selbstschonung liegt (noch) vor dem unterirdischen kreativen Loch, aus dem es strömen müßte ... Ich bin dabei, diesen Block abzutragen, aufzulösen. Ist schwer. – Inzwischen haben wir Johannisbeeren, Sauerkirschen, eine Trauerweide, eine Platane, Quittensträucher und eine (winzige) Eiche gepflanzt, unter der vielleicht unsere Ur-Enkel sitzen werden und die wir »Jahrhunderteiche« nennen. Das sind auch schöpferische Akte!

Liebe Charlotte, hör auf den Frühling, werde gesund.

Ich umarme Dich,
Christa

62 Charlotte Wolff an Christa Wolf

15. V. 86

Hab' mich sehr gefreut die Essais von Dir und Gerhard zu erhalten. Vielen Dank Euch beiden. Die Texte gehen »natürlich« zusammen – Ich geniesse sie, da ich mich in der Welt irgendwie? zu Hause fühle. Mein Buch kommt 22. Mai heraus. Deutsche Übersetzung bis jetzt ohne Erfolg. S. Fischer hat das Buch abgelehnt. – So – man weiß nicht. – ob ein deutscher Verleger sich findet. – Du u. G. werden bald in Griechenland sein. – Hoffe zu hören.

Herzlich – Charlotte

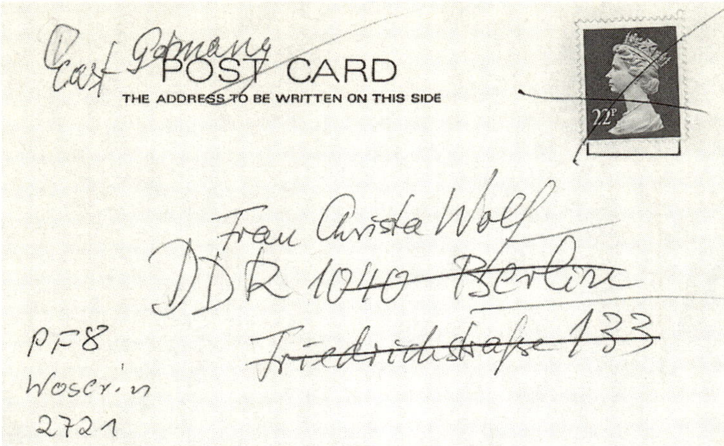
East Germany

POST CARD

THE ADDRESS TO BE WRITTEN ON THIS SIDE

22p

Frau Christa Wolf

DDR 1040 ~~Berlin~~

~~Friedrichstraße 133~~

PF 8

Woserin

2721

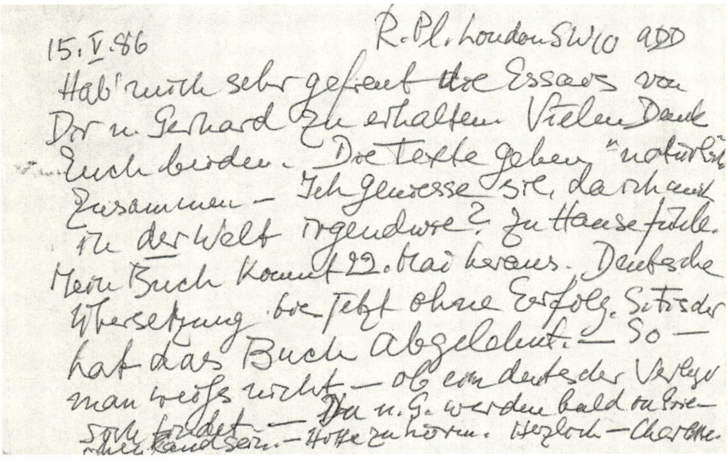
15. V. 86 R. Pl. London SW10 9DD

Hab' mich sehr gefreut ~~die~~ Essays von

Dir u. Gerhard zu erhalten. Vielen Dank

Euch beiden. Die Texte geben „natürlich"

zusammen – Ich genieße sie, da ich auch

in der Welt irgendwie? zu Hause fühle.

Mein Buch kommt 29. Mai heraus. Deutsche

Übersetzung besteht ohne Erfolg. Fischer

hat das Buch abgelehnt. – So –

man weiß nicht – ob ein deutscher Verleger

sich findet. – Du u. G. werden bald [illegible]

[illegible] – Hoffe zu hören. Herzlich – Charlotte.

19. 6. 86

Liebe Charlotte,
wir sind lange aus dem Kontakt gekommen, weil ich seit zwei Wochen verreist bin – im Griechenland, bei Gesprächen über ein Filmprojekt und zu Theaterfestspielen in Delphi. Sehr heiß ist's, aber schön und interessant. Ich fahre dann noch nach Hamburg zum PEN-Kongreß, danach wollen wir den Rest des Sommers in Mecklenburg verleben. Wenn möglich, rufe ich Dich an.
Herzlich
Christa

ΕΛΛΑΣ
GREECE - GRIECHENLAND - GRÈCE

U.K.

Dr. Charlotte Wolff
10 Redcliffe Place
London SW10 9DD
England

103
ΔΕΛΦΟΙ : Ὁ Θησαυρός τῶν Ἀθηναίων
DELPHI : The Treasure of the Athenians
DELPHES : Le trésor des Athéniens
DELPHI : Das Schatz der Athener

Έκδοση: Σωτήρη Τουμπή - Κορίννης 3 - Τηλ. 3244.093 Αθήνα

PRINTED SOTIRIS TOUMBIS TEL. 3217.484

63 Christa Wolf an Charlotte Wolff

19. 6. 86

Liebe Charlotte,

wir sind lange aus dem Kontakt gekommen, weil ich seit zwei Wochen verreist bin – in Griechenland, zu Gesprächen über ein Filmprojekt und zu Theaterfestspielen in Delphi. Sehr heiß ist es, aber schön und interessant. Ich fahre dann noch nach Hamburg zum PEN-Kongreß, danach wollen wir den Rest des Sommers in Mecklenburg verleben. Wenn möglich, rufe ich Dich an.

Herzlich
Christa

64 Charlotte Wolff an Christa Wolf

3. August 86

Liebe Christa – Ich bin schon beinah schüchtern Dir zu schreiben, weil ich so lange kein Wort von Dir hatte – Karte von Delphi – war das letzte Zeichen – Aber Du bist wohl auf Deine Arbeit so konzentriert und wohl auch von Deiner Familie umgeben in den Sommerferien, daß ich nicht erwarten kann von Dir zu hören –

Die letzten 7 Wochen war ich krank – sehr krank und am Anfang der »Herzschwäche?« fürchtete ich (noch immer nicht ganz aus Kopf und Übermüdigkeit) daß ich nicht am Leben bleiben könnte – Jetzt hab' ich mehr Mut und sicher den Willen durchzukommen. Aber es wird noch lange dauern bis ich in einem mehr soliden Gesundheitszustand bin –

Mein Buch hat bis jetzt keinen Verleger in Deutschland gefunden – Mein englischer publisher ist nicht gut, richtigen Kontakt zu machen. Auch irgendwie nicht genug interessiert.

Der hat Film-Aspirationen etc. – – –

Es waren gute im allgemeinen, aber auch »giftige« Rezensionen in den Zeitungen u. Magazinen.

Heute eine gute im »Observer« Ich schicke Dir diese –

Falls Du Zeit und Lust hast, würde ich mich sehr freuen, Deinen Rat zu haben, ob ich selber etwas für eine deutsche Ausgabe tun könnte!? Ich will so gern mein Buch dort veröffentlicht sehn. Du schreibst mir, daß es schnellstens ins deutsche übersetzt werden sollte, da es dort so nötig sei. Ya – das ist wahr – aber wie?? Wie geht es Dir? Im schönen Woserin?

Love, Charlotte

65 Christa Wolf an Charlotte Wolff

Woserin, d. 8. 8. 86

Liebe Charlotte,

hätte ich gewußt, daß Du so krank warst – ich hätte Dir viel früher ausführlicher geschrieben. So aber habe ich mich in den letzten Wochen, gerade was mir wichtige Post betrifft, recht sehr gehen lassen. Ich konnte eine gewisse Lähmung nicht überwinden, war auch sehr in Anspruch genommen durch die Sorge um meinen Bruder, der Anfang Mai eine schwere Gehirnoperation hatte. Dazu kam, daß wir nach der Griechenlandreise hier in Mecklenburg nicht einen einzigen Tag ohne Besuch waren – oft vier Personen und mehr, für Wochen! –, so daß ich mit Mühe am Tag die wenigen Stunden herausschlug, die ich für eine neue

Arbeit brauche. Dies ist alles keine Entschuldigung, nur eine Erklärung, warum ich Dir nicht geschrieben habe. Oft kam mir Deine letzte Karte in die Hand, und ich dachte: Aber morgen! Nun war ich erschrocken, von Deiner Krankheit zu hören. Immer wieder beklage ich, daß Du Dich mit dem Buch gesundheitlich so ruiniert hast – aber sonst wäre das Buch wohl nicht da. Die Rezension aus dem »Observer« ist ja wirklich ausgezeichnet. Man muß überlegen, welcher deutsche Verlag es herausbringen könnte. Nun kannst du Dir denken, daß ich die Fachverlage, die dafür in Frage kämen, kaum kenne, aber ich will nachdenken, an wen ich mich wenden könnte, um das Buch einem passenden Verlag zu empfehlen. Ich weiß, daß in einer neuen Frauenzeitschrift, die in Westdeutschland erscheinen wird, im September Deine Autobiografie besprochen wird – daran müßte man anknüpfen. Aber ich bin nicht in der Lage, ein in Englisch geschriebenes Buch zu rezensieren, noch dazu eines über ein mir fremdes Fachgebiet. Doch ich kenne westdeutsche Psychologinnen. Muß mal überlegen.

Übermorgen fahren wir für eine Woche hier weg, nach Thüringen, mein Schwiegervater wird neunzig, wir besuchen ihn. Mein Vater, ebenfalls fast neunzig, war jetzt drei Wochen hier bei uns, ebenso die beiden Familien unserer Töchter – die eine wohnt im Sommer ständig hier. Es sind nicht die besten Arbeitsbedingungen – fast genauso viel Ablenkung wie in Berlin. Aber ich bin nun mal ein Familienmensch.

Liebe Charlotte, ich bitte Dich dringlich, gesund zu werden. Ich sende Dir einen Strahl geballter Energie.

Herzlich grüße ich Dich,
Deine Christa

66 Charlotte Wolff an Christa Wolf

17. August 86

Liebe Christa,

Es war gut Deinen Brief nach so langer Zeit zu haben. Ich fürchtete, dass mein »Bild« doch schon verblasst sein müsste. Du wirst doch wohl wissen wie scheu ich sein kann, besonders wenn mir ein Mensch sehr wichtig ist. Und Du hast ja zu viel auf dem Tablett um an Korrespondenz mit solch einem Aussenseiter wie mir herangehen zu können. Das verstehe ich vollkommen.

Deine Hilfsbereitschaft für mein Buch rührt mich und ich bin Dir sehr dankbar dafür. Natürlich schickte ich Dir das Buch sofort als die advance Copies herauskamen, weil ich so wollte dass Du es in Händen hast, ob Du es liest, oder nicht. Wie könntest Du denn ein so langes Buch in Englisch überhaupt, das hab' ich natürlich nicht erwartet. Aber Du hast einiges daraus gelesen, was Dich besonders interessierte und das freut mich.

Nun, da ist ein Missverständnis in Dir wohin, d.h. an welchen Verlag man sich wenden sollte. BESTIMMT NICHT AN EINEN PROFESSIONELLEN Publisher. Mein Portrait von Magnus Hirschfeld ist das »Bild« eines sozialen Revolutionärs, der viel für die Wissenschaft in seiner Zeit getan hat. Aber da steckt seine Bedeutung nicht. Die ist in seiner Hilfe für die Verfolgten (sexuellen Minderheiten), und in seiner äusserst moderne Forschung über Drogeneinflusse (Alkohol) auf die Gesellschaft, sein Eintreten als einer der ersten für die Beendung des Abortengesetzes. UND VOR ALLEM für seine Gesamtarbeit auf internationaler Basis als Gründer der Welt-Liga für sexuelle Reform. Seine Zusammenarbeit mit der Frauenbewegung, besonders Helene Stöcker, Minna Cauer, Ellen Key und viele andere über die ich ausführlich schreibe, gibt mit all den andern Bestrebungen die ich hier jetzt aufnannte ein ALLGEMEINES und nicht professiionles, d. h. medizinisches Interesse. Sein blueprint für ein Gesundheitswesen allein machte ihn zu einem sozialen Pionier. Seine Persönlichkeit ist in all diesen mannigfaltigen Beziehungen geschildert in meinem Buch.

Ich schicke Dir einige Rezensionen mit diesem Brief, die Dir zeigen, dass das Buch wirklich verstanden und richtig angesehen wurde NICHT von einem EXPERT BONZEN (Prof. ANTONY CLAIRE), sondern von Literaten.

John Gross, der die Rezension im Observer schrieb ist einer der besten Literaten. Er war der Editor, für viele Jahre von der »Times Literary Supplement, the most prestigious literary Magazin, now, since he left, unfortunately deteriorated. Und ich schicke Dir auch die Photokopie des Briefes von A. L. Barker, eine der besten Schriftsteller in englischer Sprache. Sie hat jedes Wort des Buches gelesen. Der Kritik von Claire habe ich einen Brief von einer Leserin beigelegt, die seine Verantwortungslosigkeit und falsches oder mangelhaftes Lesen meines Buches beweist. Nun genug davon.

Mir geht's nicht gut. Ich kann mich noch immer nicht erholen. Nach sieben Wochen bin ich zum ersten Mal auf die Strasse gegangen und bin immer noch totmüde und schwach. Ich war, wie ich denke, sowohl wie meine Ärztin, dem Tod ziemlich nahe. Mein Herz ist noch immer nicht »richtig« und ich werde viel aufgeben müssen, solange mir noch Lebenszeit übrig bleibt. Es wäre natürlich schön, falls ich noch eine deutsche Ausgabe meines Buches erleben könnte. Aber das ist wirklich eine Sache zweiten Ranges für mich. Zuerst kommt Regeneration der Gesundheit, soweit wie möglich.

Ich kann wirklich nicht tippen – aber Du wirst's ja lesen können.

Ich hab' geschrieben so transparant wie ich einmal bin –
Es wäre schön von Dir zu hören –

Ich umarme dich
Deine Charlotte

PS. I am sending another copy of my book for an eventuel reviewer or publisher

67 Charlotte Wolff an Christa Wolf

18. August 86

Liebe Christa,

Nur eine kurze Nachschrift über Magnus Hirschfeld zu meinem Brief von gestern.

Er hat seine andern als die Sexual-Zwischenstufen Theory nicht von sich aus gefunden – Seine Ideen über Eugenik, endocrine Drüsen etc – ist es alles geborgt von seinen Vorgängern und Biologen seiner Zeit.

Die Bücher von ihm selber sind wichtig als Geschichte, haben aber keine direkte Bedeutung zu unserer Zeit. Jedoch die 24 Jahrbücher, die er herausgab, sind wertvollste Schätze, die uns die Brillianz massenhafter Autoren – von Freud bis Häckel u. Ischlondski, von großen Anthropologen und Schriftstellern dieser großen Zeit (ersten 3 Jahrzehnte vor Hitler u. noch früher) vor Augen führen. Das gleiche gilt für die Zeitschrift für Sexualwissenschaft, wo er selbst nur eine (1908) herausgab, aber die späteren waren eine Folge von dieser.

Diese überaus wichtigen Dokumente waren bestimmt – seine soziale Pioniertätigkeit wissenschaftlig zu unterbauen.

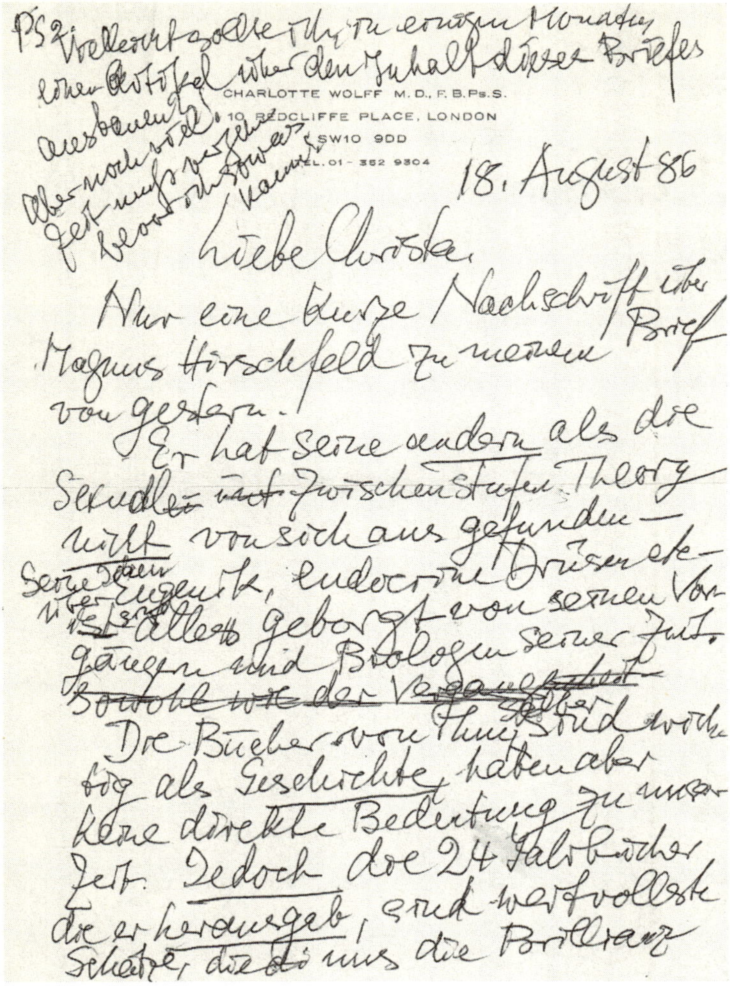

PS 2 Vielleicht sollte Ihr in einigen Monaten einen Artikel über den Inhalt dieser Briefes ausbauen? Aber noch wollt jetzt nicht vergessen, besonders schwer kann.

CHARLOTTE WOLFF M. D., F. B. Ps. S.
10 REDCLIFFE PLACE, LONDON
SW10 9DD
TEL. 01 - 352 9304

18. August 86

Liebe Christa,

Nur eine kurze Nachschrift über Magnus Hirschfeld zu meinem Brief von gestern.

Er hat seine andern als die Sexuellen ~~und~~ Zwischenstufen Theory nicht von sich aus gefunden – seine Ideen über Eugenik, endocrine Drüsen etc. ist alles geborgt von seinen Vorgängern und Biologen seiner Zeit. ~~Sowohl wie der Vergangenheit~~ später

Die Bücher von ihm sind noch tög als Geschichte, haben aber keine direkte Bedeutung zu unserer Zeit. Jedoch die 24 Jahrbücher die er herausgab, sind wertvollste Schätze, die ~~di~~ uns die Brillianz

Und seine sozialen Verdienste schliessen auch die 1. Eheberatungen im Institut für Sexualwissenschaft 2. birth control ebendort, 3. seine legale tätigkeit als Verteidiger in Gerichtsfällen nicht nur homos, sondern auch anderer Sexual»abnormalitäten«, ein.

Das und da sehe ich den humanitären Hirschfeld als nicht zu überschätzenden großen Pionier.

Love, Charlotte

PS 2. Vielleicht sollte ich in einigen Monaten, einen Artikel über den Inhalt dieses Briefes ausbauen?! Aber noch viel Zeit muß vergehen bevor ich sowas kann!

Christa Wolf
Gegen die Kälte der Herzen

Charlotte Wolff – »internationale Jüdin mit britischem Paß«

Anfang des Jahres 1983 bekam ich, durch welche Empfehlung, weiß ich nicht mehr, die Autobiographie einer Frau in die Hand, die mir bis dahin unbekannt gewesen war: Charlotte Wolff. Das Buch, in einer Reihe des S. Fischer Verlags erschienen, heißt: Augenblicke verändern uns mehr als die Zeit. Während ich noch darüber nachdachte, ob ich der Behauptung, die der Titel aufstellt, zustimmen könnte, war ich schon von der Person gefangen, die dieses Buch geschrieben hatte: Eine deutsche Jüdin, Anfang des Jahrhunderts in einer kleinen Stadt in Westpreußen geboren, die Medizin und Philosophie studierte und in den zwanziger Jahren in Berlin lebte und als Ärztin arbeitete; die glücklicherweise rechtzeitig, nämlich schon im Mai 1933, das nationalsozialistische Deutschland verließ und danach in Paris und London lebte, wo sie 1986 starb. Dieses Skelett ihres Lebenslaufes will ich später etwas anzureichern versuchen, zuerst aber möchte ich davon sprechen, wie ich mit Charlotte Wolff in Kontakt gekommen bin – ein Kontakt, aus dem sich eine wenn auch nie durch persönliche Bekanntschaft erprobte Freundschaft entwickeln sollte. Zu meiner großen Überraschung, fast Bestürzung, stieß ich gegen Ende ihrer Autobiographie auf meinen Namen. Sie hatte sich, aus Interesse für die Dichterin Karoline von Günderrode, eines meiner Bücher besorgt, in dem eine fiktive Begegnung zwischen Günderrode und Kleist beschrieben wird, und eine Zeile gefunden, in der sie große Ähnlichkeit mit einer Zeile aus einem der Gedichte erkannte, die sie als junge Frau geschrieben hat. Ihre Zeile lautet: »Durch die Sohlen seiner Füße brennt das Herzensblut der Erde«, die meine: »Und fühlte den Herzschlag der Erde unter seinen Fußsohlen.« Sie sah es als »ein Wunder, daß ein solch ähnlicher poetischer Ausdruck von zwei Geistern geschaffen werden konnte«.

Ich hatte das Gefühl, daß ich ihr schreiben und mich zu erkennen geben müsse. Sie antwortete gleich und mit großem Enthusiasmus, und so entwickelte sich über die dreieinhalb Jahre, die sie noch am Leben war, ein ziemlich dichter Briefwechsel, ein Austausch von Büchern und Gedanken, bald gingen wir vom Sie zum Du über und machten Pläne, uns zu treffen, die leider – einmal, weil ich einen Termin nicht einhalten konnte, dann wieder, weil sie nicht gesund war – nie ausgeführt wurden. Als wieder eine Begegnung nicht zustande gekommen war, schrieb sie mir einen Satz, den ihr eine Freundin ins Ohr geflüstert hatte: It is later than you think. Ich verstand, was sie meinte, aber ich nahm nicht wahr, wie ernst ihre Erkrankung in Wirklichkeit war, die sie immer als »Erschöpfung« bezeichnete – mich und vielleicht auch ein wenig sich selbst betrügend.

Und erschöpft war sie und mußte sie sein, nachdem sie, eine Frau in den Achtzigern, in unaufhörlicher sechsjähriger Anstrengung ohne Erholungspause ein umfangreiches Buch über den Sexualforscher Magnus Hirschfeld geschrieben hatte, in dem auch eine versteckte Selbstaussage steht: »Das Alter hat keine Macht über einen starken Geist.« Der Satz steht in Englisch da, denn dieses große Porträt von Magnus Hirschfeld ist noch nicht ins Deutsche übersetzt. Sie hätte Hirschfeld im Berlin der zwanziger Jahre begegnen können, schreibt Charlotte Wolff in ihrer Einleitung; 1928 arbeitete auch sie in Berlin, an der Klinik für Familienplanung der Allgemeinen Krankenkasse, und die Bestrebungen, die ihre Arbeit leiteten, waren denen von Magnus

Hirschfeld sehr ähnlich: die Emanzipation der Frauen und Männer von jeder Art sexueller Unterdrückung durch die Gesellschaft, damit die Beendigung der Diffamierung von homosexuellen, bisexuellen, bösartig als »abartig« denunzierten Menschen. Die Forschung auf diesem Gebiet war für Charlotte Wolff die Arbeit ihrer letzten Lebensphase, dokumentiert in Büchern wie »Love between Women«, 1971 in England und 1973 in Deutschland unter dem Titel »Psychologie der lesbischen Liebe« erschienen, und ihre Grundlagenstudie über Bisexualität, die in Deutsch 1980 herauskam. Ich nenne diese Titel, um einen Anreiz zu geben, die Bücher zu lesen, weil mir scheint, daß im Zusammenhang mit der restaurativen Phase, in die die Gesellschaft gerade hineingetrieben wird, wie üblich auch Erkenntnisse über Sexualität und die Folgerungen, die wir daraus ziehen müßten, wieder zurückgedrängt werden – nicht zuletzt die Einsicht, wie eng sexuelle und sozial-politische Unterdrückung miteinander verknüpft sind.

Charlotte Wolff, die kein vordergründig politischer Mensch war, hat, fast möchte ich sagen, »von Natur« aus immer an jenen noch ungesicherten Plätzen der Wissenschaft gearbeitet, wo Pioniergeist erforderlich ist und wo wirklich Neues zutage gefördert wird. Dabei war es ihr nicht an der Wiege gesungen worden, daß sie Wissenschaftlerin – *auch* Wissenschaftlerin – werden würde. Wenn man die anschauliche, farbige und genaue Schilderung ihrer Kindheit liest, die Porträts ihrer Eltern und anderer Verwandten, die Städtebilder von Riesenburg, wo sie geboren wurde, und Danzig, wo sie als Jugendliche zur Schule ging, in sich aufnimmt und nicht zuletzt den Reflexionen über sich und ihre Entwicklung folgt, meint man, eine kreative Schriftstellerin vor sich zu haben. Und wirklich war ja diese Kindheit und Jugend erfüllt von starken emotionalen Erlebnissen, von ersten leidenschaftlichen Liebeserfahrungen mit Frauen, nicht zuletzt von der Erschütterung durch die Geburt eines »inneren Auges«, während der eine »unbekannte und mächtige Kraft« von ihr »Besitz ergreift«. »Von diesem Augenblick an«, schreibt sie, »wußte ich um das Universum, das ich erblickte und in mir hielt«. Die »Tore erhöhten Empfindungs- und Wahrnehmungsvermögens« hatten sich für sie »von selbst« geöffnet. Natürlich kann sie ihre Sensitivität nicht in dieser Konzentration bewahren, aber nach allem, was ich von ihr weiß, ist Charlotte Wolff ein hochempfindsamer, auch empfindlicher Mensch geblieben. Als junges Mädchen schrieb sie Gedichte, wie unter einem Zwang, sie fühlte sich zu Kunst und Literatur hingezogen, während die prosaische Welt ihres Elternhauses, in dem Geschäftsinteressen im Vordergrund standen, sie abstieß. Aber dieses Elternhaus hat nie versucht, die jüngere Tochter, die sich so offensichtlich nicht in das Muster kleinbürgerlichen Verhaltens fügen konnte, zu beeinflussen oder gar zu zwingen, von ihrem Entwicklungsweg abzugehen. Man habe sie akzeptiert, wie sie war – auch in ihrer sexuellen Orientierung, die sich auf Frauen richtete und die ihr selbst zeitlebens niemals als etwas Besonderes oder gar »Unnatürliches« vorgekommen ist, sondern als eine natürliche Neigung, deretwegen sie weder in ihrer Familie noch in dem Kreis, in dem sie sich später bewegte, ausgegrenzt wurde. »Ich brauchte mich nicht zu verstellen«, schreibt sie, »zu verstecken oder nach Ausflüchten zu suchen.« Diese Aussagen sind um so bedeutsamer, als Charlotte Wolff mehr und mehr davon überzeugt ist, daß »alle Menschen von Kindheit an manipuliert werden. So führen die Manipulierten die Manipulierten, und niemand weiß, was der Mensch wirklich ist.« »Gehirnwäsche« nennt sie oft, noch krasser, die Manipulation, der in der modernen Gesellschaft jeder Mensch unterzogen werde. Das heißt, ihre Gesellschaftskritik setzt nicht an äußerlichen, z. B. politischen oder sozialen Symptomen an, sondern da, wo die Mechanismen des modernen Lebens den Kern des Menschen angreifen. Oft betont sie ihre Überzeugung, daß wir alle gezwungen seien, unter Masken zu leben, und daß wir nur in seltenen Augenblicken spontaner Berührung mit einem anderen Menschen unser wirkliches Selbst zeigen. Die Sehnsucht nach diesem Selbst, danach, es zu entwickeln und es vertrauten Menschen offenbaren zu können, das war die innere Leitlinie, der Charlotte Wolff folgte; außergewöhnlich genau hat sie sich selbst beobachtet, Abweichungen von dieser Leitlinie, die ihr schwieriges Leben ihr aufzwang und die oft in Krankheit mündeten, registriert und das Glücksgefühl genossen, wenn günstige innere und äußere Umstände für Augenblicke oder für Tage, Wochen ihr inneres Selbst und ihr äußeres Leben miteinander übereinstimmen ließen.

Ich habe vorgegriffen, aber es ist hier nicht meine Absicht und wohl auch nicht meine Aufgabe, einen chronologischen Lebenslauf von Charlotte Wolff zu geben. Doch komme ich noch einmal auf ihre Studienzeit in den zwanziger Jahren zurück. Sie hatte eingesehen, daß es vernünftig wäre, Medizin zu studieren und nicht, wie sie eigentlich wollte, Philosophie, Literatur und Kunst. Allerdings brachte sie es fertig, neben und nach dem Studium in verschiedenen Städten, zuletzt in Berlin, ein zweites Leben in Künstlerkreisen und in Kabaretts, Theatern, Nachtbars zu leben, mit Freundinnen und Freunden. Es sind diese Jahre, die sie stark geformt haben und auf die sie später, als Deutschland für sie ein Un-Ort geworden war, immer wieder zurückkommt. Sie erlebte auch in ihrem Beruf, in der Schwangerschaftsfürsorge der Allgemeinen Krankenkasse in Berlin, in der fortschrittliche Familienplanung praktiziert wurde, ein neues, sie begeisterndes Medizin-Verständnis, sie wurde aktives Mitglied des Vereins Sozialistischer Ärzte, der der USPD nahestand, sie richtete die erste Klinik für Schwangerschaftsverhütung in Deutschland ein und bekam so ihren ersten praktischen Unterricht in Sexualwissenschaft und Psychotherapie. Sie und die jungen Frauen, mit denen sie arbeitete und lebte, waren *frei*, schreibt sie, »wir waren einfach wir selbst, die einzige Befreiung, die am Ende zählt«. Aber: »Die Freiheit des Individuums und die Freiheit für das Individuum gab es in der deutschen Geschichte immer nur für kurze Zeit.«

Jahrelang kam ihr nicht die Spur einer Vorahnung von der Gefahr, die sich für sie als Jüdin und für alle, die im Namen der Aufklärung emanzipatorische Theorien und Praktiken vertraten, unter der oft glänzenden Oberfläche zusammenbraute. Anschaulich hat sie beschrieben, wie stark man sich in ihrer Familie als deutsche Juden fühlte, wie stark sie selbst mit der deutschen Kultur identifiziert war und daß sie niemals auf die Idee gekommen wäre, zwischen den beiden Grundelementen, auf denen ihr Dasein aufbaute: Jüdin und Deutsche zu sein, würde sich je ein unüberbrückbarer Abgrund auftun. Drei Schläge hintereinander machten ihr im März/April 1933 ihre Lage klar: Sie wurde gekündigt, weil sie Jüdin war, und in der U-Bahn wurde sie als »Frau in Männerkleidung und als Spionin« festgenommen. Ihre eigene Geistesgegenwart und die eines Wachmanns der Bahnhofswache ließen sie entkommen. Nachdem ihre Wohnung nach »Bomben« durchsucht worden war, verließ sie am 26. Mai 1933 Deutschland in Richtung Paris. Viele Jahre lang hat sie die Erinnerung an ihre Zeit in Deutschland, an deutsche Kultur und die deutsche Sprache abgelehnt und gemieden. Wie alle jüdischen deutschen Emigranten hat sie den Schock der Ausgrenzung, Vertreibung, schließlich der Vernichtung der in Deutschland zurückgebliebenen Juden nie verwunden. Ihr deutscher Paß galt noch fünf Jahre, danach hat sie den Paß einer Staatenlosen genommen, schließlich wurde sie britische Staatsbürgerin. Sie hat sich seitdem immer als »internationale Jüdin mit britischem Paß« bezeichnet. Erst in den siebziger Jahren, als

Berliner Feministinnen auf sie zugingen, hat sie sich dazu überwunden, nach über vierzig Jahren wieder in das einst von ihr geliebte Berlin zu kommen. Sie fand einen warmen, sie überwältigenden Empfang, und sie kam zweimal wieder, hielt Vorträge und Lesungen und freute sich an den Diskussionen. Ihre Autobiographie endet mit den Sätzen: »Berlin war wieder ein Ort auf meiner emotionalen Landkarte geworden. Es hatte mir ein neues Leben gegeben.« Auch deshalb war ich froh, als ich hörte, daß Ihr Volkshochschulkolleg sich den Namen von Charlotte Wolff geben will, daß also ihr Name in Berlin präsent bleiben, daß man nach ihr und ihrem Leben und Werk weiter fragen wird. Ich bin sicher, dank der Berlinerinnen, die sie hergeholt haben und enge Freundinnen von ihr wurden, könnte sie dieses Angebot annehmen, es würde sie wohl freuen. Sie war so empfänglich für Liebe und Verständnis.

Die Briefe, die sie mir schrieb, zeugen von dieser Suche nach gleichgestimmten Seelen, und wenn sie glaubte, einem Menschen begegnet zu sein, der ihr nahe war, hielt sie sich nicht zurück, sie kam ihm offen entgegen, sogar begeistert, konnte rückhaltlos loben, mir zum Beispiel ein großes Geschenk machen mit der Bemerkung, daß ich für sie »die deutsche Sprache neu ins Leben gebracht« habe. »Sehen Sie«, schreibt sie, »als ich ins ›Exil‹ (das mir ja großartig bekam) ging, war die deutsche Sprache mir nicht nur verloren – sondern ein Greuel. Die Nazis hatten sie so verunglimpft – beschmutzt – entseelt –, daß ich an eine Resurrektion gar nicht glauben konnte.« Nach einem Satz über meine Sprache schreibt sie dann – ich zitiere das, weil es so kennzeichnend für sie ist –: »Aber ich will nichts weiter sagen, weil ich es aus ›Scheuheit‹ nicht mag. Auch glaube ich, daß Sie (und ich auch) ›siegen‹ wie ›lobpreisen‹ demonstrativ, ungesund, absolut tödlich finden.«

Charlotte Wolff hat sich, zunächst in Frankreich, dann in England ihr Brot durch wissenschaftliche Arbeit verdient – zuerst, indem sie die menschliche Hand studierte und herausfand, welche Zusammenhänge zwischen Größe, Form, Gestalt unserer Hände, den Handlinien auch, und den Charakteren der Menschen, ihren Anlagen, ihren Krankheiten bestehen, und dann ihre Kenntnisse – nicht unbedingt zu ihrem Vergnügen – an wohlhabende Leute weitergab, denen sie »aus der Hand las«. Sie bemühte sich um eine streng wissenschaftliche Vorgehensweise, aber sie konnte auf ihrem Forschungsgebiet ohne Intuition nichts machen: Sie war unglaublich aufnahmebreit für alle Schwingungen zwischen Menschen, die kein Apparat messen kann, und sie war wie ein Medium für Vorahnungen, für die oft wunderbaren Zusammenhänge, die uns »passieren« und die wir meistens nicht wahrnehmen, weil wir zu abgestumpft sind. Sie lebte in einem feinen Geflecht solch wunderbarer Zusammenhänge; was wir »Zufall« nennen, war für sie eine erstaunliche Fügung, die sie nicht geringschätzen durfte, ihre Briefe gaben mir Beispiele dafür. Etwa wenn sie in der gleichen Zeit, in der wir in nähere Beziehung zueinander kamen, eine Freundin der Ingeborg Bachmann kennenlernte, die ihr wiederum die Bücher der Bachmann gab, in denen sie nun das Gedicht fand, das sie gerade in meinen »Frankfurter Vorlesungen« gelesen hatte. »O – das ging in den Solarplexus«, schreibt sie. »Ja – diese Zusammentreffen – allherum! Wir wissen nicht, Gott sei Dank, wie – aber es ist ein Trost, daß es so vor sich geht.« Und sie war sich bewußt, bei all ihrer Bescheidenheit, daß sie in einer inneren Verbindung mit solchen Geheimnissen stand. Sie schickte mir ihr Buch über die »menschliche Hand« in der englischen Fassung genau in dem Augenblick, als das deutsche Exemplar, das ich mir beschafft hatte, in einem Bauernhaus in Mecklenburg mitverbrannte. Auch dies schien ihr eine Fügung zu sein und veranlaßte sie, da ich einen solchen Brand vorher in einem Buch beschrieben hatte, zu der Bemerkung über meine »Vorahnung«: »Fürchten wir nicht, wie ancient people, die dauernde Drohung, daß uns, was wir haben, von den Göttern weggenommen wird – falls wir sie nicht dauernd ›versöhnen‹? Und sogar dann können sie uns immer berauben – Aberglaube? Ich glaube an Aberlgauben …« In welchem Sinn, das schreibt sie in ihrer Autobiographie: »Einige Menschen verstehen sich darauf, das Ohr am Boden zu halten und festzustellen, ob sich etwas Gutes oder Schlechtes nähert. Wir nennen sie intuitiv oder vorausschauend. Aberglaube ist eine Form außersinnlicher Wahrnehmung, und es ist ein Fehler, ihn als Überbleibsel primitiver Religionen zu verspotten. Künstler und Schriftsteller sind prädestinierte Beobachter des Ungewöhnlichen und Unheimlichen, es lohnt sich, ihre ›Visionen‹ und ihren Aberglauben ernst zu nehmen. Tatsächlich können sie sich als die besseren Kenner der Geschichte herausstellen als professionelle Historiker.« – Klingt das heute, da wir umstellt sind von angeblichen »Fakten«, nicht wie eine Stimme aus einer anderen Welt?

Der Brief, aus dem ich zitierte, ist vom Februar 1984, offenbar hatte ich ihr vorher über meine Zukunftsängste geschrieben. Sie antwortet, daß sie sich vielleicht durch das Anschwellen der Friedensbewegung in England habe täuschen lassen und durch »die Millionen in Europa, die protestieren« (gegen das Aufstellen der Raketen), und fährt fort: »Da ist aber etwas, was mir schon oft durch den Kopf ging: Es muß gar nicht Krieg sein – daran glaube ich nicht. … Nein, meine apprehension ist absolut in der technology per se. Wenn die Microchips und giftigen Desinfektionsmittel Menschen de-vitalisieren (leblos machen durch falschen Comfort), vergiftet durch Nährstoffe – Boden und Seele wird dann entmenscht. *Das* sind meine Schrecken. Alles was man Zukunft nennt ist wie Roulette. Man muß (man kann ja nicht anders) wagen zu spielen. – Vielleicht werden die

Zukünftigen Spielregeln kennenlernen, die die abtötenden Gefahren wiederum töten, und dann doch noch das Lamm mit dem Löwen im Zusammenleben erstreben – beinahe vielleicht dem nahekommen. Ist es Utopie – natürlich –, aber eine Möglichkeit, die man nicht duruch Schrecken der Gegenwart und Mißtrauen der lebenden, jetztigen Erwachsenen abtun kann. Die Jugend zeigt mehr Instinkt und absoluten Daseinswillen, glaube ich.«

Und, ich kann es nicht lassen, Ihnen noch etwas vorzulesen, was in dem Brief steht – die Briefe, übrigens, sind in einer ausschweifenden, schwer lesbaren Altersschrift geschrieben und, wie Sie bemerkt haben, mit englischen Brocken und Satzbildungen durchsetzt –, etwas vorlesen also, was sie mit der Behauptung »Fortschritt ist Fortgehen« beginnt: »Es heißt nicht, Menschen, die man liebt oder zu denen man attachiert ist, verlassen – das hat nur mit uns selbst zu tun. Eine neue, nicht gesehene Facette in uns nimmt eine Beleuchtung an, die uns im Fortschritt zufällt, und dann sind wir ›weiter‹, und wenn auch dieses Weiter unmeßbar ist – wir sind von dem, was wir bisher von uns wußten, fort (weiter) gegangen. Und dazwischen, in dem Prozeß, erleben wir (ich meine ich, denn ich verallgemeinere aus meiner subjektiven Erfahrung) eine neue Einsamkeit. Die ist auch ein Sprungbrett.«

Danach wird es niemanden mehr verwundern, daß Charlotte Wolff sich eine Wissenschaft ohne Menschenliebe und ohne Subjektivität nicht vorstellen kann, am wenigsten die Medizin oder die Psychologie, ihre Arbeitsgebiete. Ich denke, nicht nur in den Themen, die sie bearbeitete – eben die Bedeutung der Hand, oder Homosexualität, oder Bisexualität –, auch in der Art und Weise, wie sie sich ihnen näherte – sensibel, immer eingedenk der Tatsache, daß sie es mit Menschen zu tun hatte, die ihr vertrauten, ihr die Hände überließen oder in langen Interviews ihre

Lebensgeschichte, einschließlich der Geschichte ihrer sexuellen Orientierung, erzählten – in all dem zeigt sie sich für mich als eine Wissenschaftlerin eines modernen Typs, die nicht darauf aus ist, den Gegenstand ihrer Untersuchung zu zerstückeln, um ihn so leichter klassifizieren zu können. Was ich meine, mag ihr Satz illustrieren, »daß wissenschaftliche Entdeckungen mehr mit surrealistischem Denken als mit Logik zu tun haben«. »Was ich ersehnt«, schreibt sie an anderer Stelle, »war eine Einheit von Medizin, Wissenschaft und Kunst.« Und als »die schlimmste Sünde« des ärztlichen »Berufsstandes« sieht sie »die mangelnde Anteilnahme an den Patienten, die Kälte des Herzens«. – Ich versage mir hierzu jeden aktuellen gesundheitspolitischen Kommentar.

Als sie lesbische Frauen suchte, mit denen sie ihre Interviews machen könnte, bemerkte eine Zeitung: Dr. Wolff wants people, not patients – Charlotte Wolff haßte den Ausdruck »Patient«, sie sah in ihren »Patienten« und »Patientinnen« gleichberechtigte Partner und Partnerinnen, denen sie half, zu sich selbst zu finden, und die ihr eine Fülle von Einsichten in das Wesen von Menschen vermittelten. Ihre Beschreibung von Personen zu lesen – gleichgültig, ob es sich um Verwandte, Freunde, Freundinnen, Klienten handeln mochte – ist ein Genuß und zugleich eine Schulung der eigenen Beobachtungsgabe: Aus körperlichen Ausformungen, aber auch aus der kleinsten Geste zog sie weitreichende und, wie mir scheint, meistens zutreffende Schlüsse. Selbstverständlich bin ich nicht kompetent, Charlotte Wolffs Untersuchungsergebnisse zu beurteilen, aber ich glaube sagen zu können, daß sie sich durch ein einzigartiges Zusammentreffen von in sich widersprüchlichen Anlagen, heterogenen Interessen, einer Widerstand provozierenden sozialen Herkunft, die ihr Judentum einschließt, von persönlichem Schicksal und dem Hineingerissenwerden in die barbarischste Periode der deutschen Geschichte zu einem Menschen entwickelte, der aus häufig schwierigen, manchmal verzweifelten Umständen – wie soll ich das nennen – Unverwechselbares, Wertvolles zutage förderte. Ein Mensch, der oft innerlich zerrissen war – darüber sprechen auch ihre Briefe – und intensiv nach anderen Menschen suchte, die diese Zerrissenheit sahen und verstanden, der aber zugleich die widerstrebenden Elemente seiner Persönlichkeit zu binden wußte – eine schwere, andauernde Arbeit an sich selbst – und anderen, ich glaube: vielen anderen Hilfe und Halt geben konnte.

Denn als Charlotte Wolff auf der Flucht vor den Nazis nach Paris kam, hatte sie, wie so viele deutsche Emigranten, nichts, war sie ein Niemand, ein Mensch ohne Schutz, hautlos allen Widrigkeiten des Emigrantendaseins ausgesetzt. Aber sie hatte das Talent, Freunde, vor allem: Freundinnen zu finden, die ihr die ersten Schritte erleichterten, den Boden ebneten. Wie schon in Berlin, ist die Liste berühmter Namen, die ihr zu Freunden oder jedenfalls zu guten Bekannten wurden, lang, und so wird es auch in London sein. Ich stelle mir vor, daß alle diese Menschen – unter ihnen viele Künstler, Wissenschaftler – fasziniert waren von der Persönlichkeit, dem Geist, den Ideen dieser Frau; natürlich waren sie äußerst alarmiert durch die Möglichkeit, etwas mehr über sich, ihren Charakter, ihre Anlagen zu erfahren, indem sie ihr ihre Hände zeigten: Das war die erste »Praxis« von Charlotte Wolff im Exil, auf die sie ihren Lebensunterhalt gründete. Doch war dies eine »Rettung« mit für sie widersprüchlichen Folgen: »Meine Rolle bei diesen Handanalysen stimmte nicht mit meinen professionellen Werten überein. Und das führte dazu, daß ich in einen Zustand depressiver Angst geriet.« Wie oft wird sie, in der langen Zeit des Exils – mehr als fünfzig Jahre! –, noch diesen Zustand an sich erfahren; ich glaube, selten ist so rückhaltlos über die seelischen Folgen der Entwurzelung geschrieben worden wie durch Charlotte Wolff, die, keiner

Partei, keiner Gruppierung, keiner Verbindung angehörend, als Ärztin auch in England lange nicht zugelassen, im äußersten Sinn des Wortes »ausgesetzt« war und, eigentlich bis zum Schluß, am Rand der jeweiligen Gesellschaft lebte, da, wo jederzeit der emotionale und auch der materielle Absturz möglich ist. Sie zahlt die andauernde Anspannung und Überanstrengung mit psychischen Störungen, mit Krankheit. Es erschöpfte sie, in ihrer Arbeit immer »die Tür ihres Unbewußten« öffnen zu müssen, um »zum Unbewußten der anderen Menschen« vorzudringen. Sie sehnte sich nach »Aufmerksamkeit und Fürsorge, Unterstützung und Liebe eines anderen Menschen« – nach einer »Mutter in vielen Gestalten, mit vielen Gesichtern«. Sie hat in England nie eine wirkliche Heimat gefunden, nie das Gefühl der Fremdheit, des Ausgegrenztseins verloren, aber sie fand einzelne Personen, Frauen, mit denen sie zusammenlebte oder die ihr ihr eigenes Haus und ihre Zuwendung anboten, die wenigstens teilweise, wenigstens auf Zeit den Rückhalt und die Sicherheit gaben, die für sie lebenswichtig waren. In den zwanziger Jahren hat eine alte russische Frau in Berlin einmal zu ihr gesagt: »Das schlimmste Schicksal überhaupt ist, im Exil zu leben.« Charlotte Wolff hat bis auf den Grund die Erfahrung durchlebt, »eine Jüdin zu sein, die sich nirgendwo absolut sicher fühlen kann – nicht einmal in Israel«.

Die Versuchung ist groß, immer weiter aus Charlotte Wolffs Arbeiten zu zitieren, aber da es sowieso unmöglich ist, die Fülle der Themen und Einsichten, die sie ausbreitet, auch nur anzureißen, lasse ich es bei dem wenigen bewenden, in der Hoffnung, es möge mir gelungen sein, auch denjenigen, die bisher nichts von ihr kannten als ihren Namen, deutlich zu machen, welchen Gewinn sie daraus ziehen können, wenn sie sich mit dem Leben, dem Gedankengut dieser Frau auseinandersetzen. Denn, nicht wahr – nicht ihretwegen bekommt dieses Volkshochschulkolleg ihren Namen: Charlotte Wolff ist tot und braucht keine Ehrung mehr. Wir brauchen sie, und ihretwegen, unseretwegen hat die Gruppe von Lehrkräften, die auf sie stieß und sich von Charlotte Wolff gefangennehmen ließ, diese Namensgebung durchgesetzt. Dazu möchte ich Sie beglückwünschen.

Gestatten Sie mir noch ein Postscriptum: Charlottes Freundin schrieb mir 1986, daß sie, Charlotte, am 12. September in ihrer Wohnung an einer Herzthrombose gestorben sei. Dies war der Tag, an dem ich anfing, die Absätze über sie in meinem Buch »Störfall« zu schreiben, durch die wiederum Sie darauf aufmerksam wurden, daß ich Charlotte Wolff kannte. So schließt sich ein Kreis. Wie hätte Charlotte, kaum verwundert, diese »Zufälle« genossen!

Laudatio von Christa Wolf, anläßlich der Namensverleihungsfeier des Charlotte-Wolff-Kollegs, 5. März 1997, jetzt in: Christa Wolf, Werkausgabe, Sonja Hilzinger, Hrsg., Band 12, S. 577–591.

ANHANG

Anmerkungen

Die Werke Christa Wolfs werden nach der 12-bändigen Werkausgabe (Sonja Hilzinger, Hrsg., München 1999ff.) zitiert. Eine Bibliographie der Werke Charlotte Wolffs findet sich im Anschluß an die Anmerkungen.

Abkürzungen

BPS	– The British Psychological Society, Centre for the History of Psychology, Staffordshire University, London
Hs.	– handschriftlich
Ms.	– maschinenschriftlich
m.U./o.U.	– mit/ohne Unterschrift
T	– Textgrundlage

1 Christa Wolf an Charlotte Wolff, 30. 4. 83
T: Hs. Original im Archiv der BPS
Ihr Buch – Charlotte Wolff: »Augenblicke verändern uns mehr als die Zeit«, Frankfurt am Main 1986, im folgenden zitiert als *Augenblicke* (die lieferbare Ausgabe der »Augenblicke«, Pfungstadt 2003, ist seitenidentisch).
von denen Sie auf der Seite 268 berichten – Dort heißt es:
»Das Erlebnis in meiner Jugend hat eine Verbindung zu einem in jüngster Zeit, das mich ebenfalls fassungslos machte. Ich hatte immer schon an den frühen deutschen Romantikern Gefallen gefunden. Als ich noch in der Schule war, hatte ich Bettina von Brentanos Leben der Karoline Günderode viele Male gelesen. Diese rätselhafte Dichterin hatte mich immer fasziniert, weil sie ihrer Zeit voraus und wahrscheinlich bisexuell war. Als ich von Christa Wolfs Buch ›Kein Ort. Nirgends‹ hörte, das von einer imaginären Begegnung zwischen der Günderode und Kleist berichtet, ließ ich es mir sofort schicken. Beide Dichter begingen in Winkel am Rhein Selbstmord, und Christa Wolf beschreibt ihre Charaktere mit solch lebhafter Klarheit, daß ich das Buch nicht aus der Hand legen konnte, bevor ich es zu Ende gelesen hatte. Eine poetische Passage, die

sich auf Kleist bezieht, ließ mich verblüfft hochschrecken. Christa Wolf benutzt das gleiche Bild und mit fast denselben Worten, wie ich sie in meinem Gedicht ›Jesaias‹ verwendet hatte. Hier sind die beiden Stellen:

›*Durch die Sohlen seiner Füße brennt das Herzensblut der Erde.*‹
(Charlotte Wolff)
›*Und fühlte den Herzschlag der Erde unter seinen Fußsohlen.*‹
(Christa Wolf)

Wir haben praktisch denselben Nachnamen. Sie wurde in Landsberg (Warthe) geboren, nicht weit von Danzig, und lebt in der DDR. In ihren Adern fließt wahrscheinlich kein jüdisches Blut, und sie ist 30 Jahre jünger als ich. Das gleiche poetische Bild wird von zwei Frauen ausgedrückt, die sich in fast allem außer der deutschen Sprache unterscheiden – ein sowohl erhebender wie ernüchternder Gedanke. Meiner Ansicht nach ist es ein Wunder, daß ein solch ähnlicher poetischer Ausdruck von zwei Geistern geschaffen werden konnte. Wie ist diese so detaillierte Ähnlichkeit möglich? Diese Frage hat keine Antwort.« *Augenblicke*, S. 268 f.
Das Zitat aus »Kein Ort. Nirgends«: »Wenn er in der Senke war, lagen die Hügel um ihn wie die Rücken großer warmer Tiere, er sah sie atmen, er stand still und fühlte den Herzschlag der Erde unter seinen Fußsohlen, und er nahm seine Kräfte zusammen, um dem Anblick des Himmels standzuhalten, weil die Sterne – nicht als Lichter, als die er sie sonst gesehen hatte – in ihrer funkelnden ungeheuren Körperlichkeit auf ihn herabzustürzen drohten.« Christa Wolf, *Werke 6*, S. 88.
Das Buch mit Texten der Günderrode – Karoline von Günderrode: »Der Schatten eines Traumes«, Gedichte, Prosa, Briefe, Zeugnisse von Zeitgenossen, Christa Wolf, Hrsg., Berlin 1979 und Darmstadt/Neuwied 1979.
»Der Schatten eines Traumes« – jetzt in: *Werke 6*, S. 109 ff.
gerade erschienenen beiden Bücher über Kassandra – »Voraussetzungen einer Erzählung: Kassandra. Frankfurter Poetikvorlesungen« und »Kassandra. Erzählung«, jetzt beide in: *Werke 7*.

2 Charlotte Wolff an Christa Wolf, 18. 5. 83
T: Hs. Original im Archiv Christa Wolfs
»Materialien« – Klaus Sauer (Hrsg.): »Christa Wolf, Materialienband«, Darmstadt, Neuwied 1979.
»Lesen und Schreiben« – Christa Wolf: »Lesen und Schreiben. Aufsätze

und Prosastücke«, Berlin, Weimar 1972 (und Darmstadt, Neuwied 1972). Die Texte sind jetzt versammelt in: *Werke* 4.
»Geschlechtertausch« – Christa Wolf / Irmtraud Morgner / Sarah Kirsch: Geschlechtertausch. Drei Geschichten über die Umwandlung der Verhältnisse, Darmstadt, Neuwied 1980. Christa Wolfs Beitrag zu dieser Anthologie, die Erzählung »Selbstversuch. Traktat zu einem Protokoll« jetzt in: *Werke* 3, S. 468 ff.
Biographie über »Magnus Hirschfeld« – siehe die Bibliographie zu Charlotte Wolff im Anhang.

3 Christa Wolf an Charlotte Wolff, 28. 6. 83
T: Hs. Original im Archiv der BPS
sechswöchigen Reise – siehe Nr. 5.

4 Charlotte Wolff an Christa Wolf, 23. 7. 83
T: Hs. Original im Archiv Christa Wolfs
Ihr »Gewebe« – Christa Wolf sagt einleitend zu den Poetik-Vorlesungen: »Vieles, das meiste vielleicht und Wichtigstes, bleibt ungesagt, auch wohl ungewußt, und das Gewebe – das übrigens, *falls* ich eine Poetik hätte, als ästhetisches Gebilde in ihrem Zentrum stünde – das Gewebe, das ich Ihnen nun vorlegen will, ist nicht ganz ordentlich geworden, nicht mit einem Blick überschaubar, manche seiner Motive sind nicht ausgeführt, manche seiner Fäden verschlungen.« *Werke* 7, S. 12.
Später wird das »Gewebe« in den thematischen Komplex des Kassandra-Stoffes eingebunden: »Gern würde ich Dir das Gefühl vermitteln, das mich in diesen Zustand der Ruhelosigkeit versetzt, den dieser Brief wohl spiegelt: daß im Grunde, vom Grunde her alles mit allem zusammenhängt, und daß das strikte einwegbesessene Vorgehn, das Herauspräparieren eines ›Stranges‹ zu Erzähl- und Untersuchungszwecken das ganze Gewebe und auch diesen ›Strang‹ beschädigt. Aber eben diesen Weg ist doch, vereinfacht gesagt, das abendländische Denken gegangen, den Weg der Sonderung, der Analyse, des Verzichts auf die Mannigfaltigkeit der Erscheinungen zugunsten des Dualismus, des Monismus, zugunsten der Geschlossenheit von Weltbildern und Systemen; des Verzichts auf Subjektivität zugunsten gesicherter ›Objektivität‹.« *Werke* 7, S. 176.
»Exil« – Charlotte Wolff floh am 26. Mai 1933 von Berlin nach Paris und ging 1936 nach London.
»The King must die« – »The King must die« von Mary Renault gibt es

auch in gleichnamiger Buchfassung, London, New York 1958, dt: »Der König muß sterben«, Frankfurt 1962.
Christine Koschel – Freundin und Mitherausgeberin der Gesamtausgabe von Ingeborg Bachmann.
»Wer erklärt mir die Liebe« – Wolff meint das für die vierte Kassandra-Vorlesung zentrale Gedicht »Erklär mir Liebe«. Als Nachweis heißt es in der als Brief verfaßten Vorlesung: »Damit Du nicht suchen mußt: Es steht im ersten Band der Gesamtausgabe auf Seite hundertneun.« *Werke* 7, S. 162.
à qui tu le dis – wem sagst du das.

5 Christa Wolf an Charlotte Wolff, 31. 7. 83
T: Ms. Original m. U. im Archiv der BPS
Interview – James D. Steakley, »Love Between Women and Love Between Men: Interview with Charlotte Wolff«, in: New German critique, 1981/82, Nr. 23, S. 73–81.

6 Charlotte Wolff an Christa Wolf, 11. 9. 83
T: Hs. Original im Archiv Christa Wolfs
Aldous Huxley – Charlotte Wolff lernte Aldous und Maria Huxley in Frankreich, in Sanary kennen. Die Huxleys halfen ihr, in London und später in Paris Fuß zu fassen. S. a. Brief Nr. 24.

7 Christa Wolf an Charlotte Wolff, 23. 10. 83
T: Hs. Original im Archiv der BPS
diese Schrift – Dankesrede anläßlich der Verleihung des Georg-Büchner-Preises der Deutschen Akademie für Sprache und Dichtung am 16. 10. 1980, jetzt in: *Werke 8*, S. 186ff.

8 Charlotte Wolff an Christa Wolf, 26. 10. 83
T: Hs. Original im Archiv Christa Wolfs

9 Charlotte Wolff an Christa Wolf, 12. 11. 83
T: Hs. Original im Archiv Christa Wolfs

10 Charlotte Wolff an Christa Wolf, 9. 12. 83
T: Hs. Original (Postkarte: Beato Angelico, Museo di San Marco, Florenz) im Archiv Christa Wolfs

11 Christa Wolf an Charlotte Wolff, 13. 12. 83
T: Hs. Original im Archiv der BPS
im Bauhaus inszeniert – Szenen aus »Guten Morgen, du Schöne« von Maxie Wander.
neuen Erzählung – »Sommerstück«, jetzt in: *Werke 10*.
Aufsatz über Kleists Penthesilea – »Kleists ›Penthesilea‹«, jetzt in: *Werke 8*, S. 261ff.

12 Charlotte Wolff an Christa Wolf, 1. 2. 84
T: Hs. Original im Archiv Christa Wolfs
Ihrer Stimme – Christa Wolf hat auch eine Schallplatte von »Kein Ort. Nirgends« geschickt.
Vieking Eggeling – Viking Eggeling, 1880–1925, Künstler und Filmemacher im Umkreis der Dada-Bewegung in Zürich und Berlin.
»Eidodynamik« – eine ausführliche Schilderung findet sich in *Augenblicke*, S. 105f.
Greenham Common Frauen – am 12. Dezember 1982 besetzten ca. 30000 Frauen Greenham Common, um gegen die Stationierung von Cruise Missiles zu demonstrieren.
Aberglaube – »Aberglaube? Das Wort ist unangemessen. Es ist falsch, die Ratio auf Kosten des Irrationalen – in dem der Aberglaube eine bedeutende Rolle spielt – hervorzuheben. Wie sollen wir dann Phänomene des Synchronismus, Koinzidenz oder andere Ereignisse interpretieren, die uns überraschen, weil sie weder vorhersehbar noch geplant waren? Ich glaube nicht an den freien Willen, denn Stimmungen, Gesundheit und das Wirken unserer Hormone beeinflussen unsere Entscheidungen und Handlungen. Wir werden beglückt oder bedroht durch das Unvorhergesehene, das von außen auf uns einwirkt oder sich in unserem Innern ereignet. Es gibt im Leben fette und magere Jahre, fruchtbare und öde Zeiten. Unser Leben und unsere Arbeit hängen ab von der Gunst oder Mißgunst unbekannter Kräfte. Einige Menschen verstehen sich darauf, das Ohr am Boden zu halten und festzustellen, ob sich etwas Gutes oder Schlechtes nähert. Wir nennen sie intuitiv oder vorausschauend. Aberglaube ist eine Form außersinnlicher Wahrnehmung, und es ist ein Fehler, ihn als Überbleibsel primitiver Religionen zu verspotten. Künstler und Schriftsteller sind prädestinierte Beobachter des Ungewöhnlichen und Unheimlichen, es lohnt sich, ihre ›Visionen‹ und ihren Aberglauben ernstzunehmen. Tatsächlich können sie sich als die besseren Kenner der

Geschichte herausstellen, als professionelle Historiker. In jedem von uns ist die Tendenz zu Aberglauben angelegt, jeder sehnt sich nach den Vorboten des Glücks. Die Art, wie wir darüber reden, ›Glück‹ oder ›Pech‹ gehabt zu haben, verweist auf eine tiefsitzende Furcht vor dem Unbekannten und das intuitive Wissen darum, daß wir von Kräften gelenkt werden, die wir nicht kontrollieren können.« *Augenblicke*, S. 176f.

13 Christa Wolf an Charlotte Wolff, 16. 2. 84
T: Hs. Original im Archiv der BPS
merkwürdigen Prosa – »Sommerstück«, *Werke 10*.
die Phase in Ihrem Leben – Charlotte Wolff schreibt in »Augenblicke«: »Zuerst waren es die Huxleys, die Freunde und Bekannte zu mir schickten. Zu den ersteren gehörten der Vicomte Charles de Noailles und seine Frau. Sie fanden meine Arbeit spannend und empfahlen mich weiter. Durch Mund-zu-Mund-Propaganda entstand eine Art Schneeballeffekt, und ich erhielt eine beträchtliche Klientel. In relativ kurzer Zeit schien ich eine etablierte und anerkannte Chirologin zu werden. Meine Kunden waren hauptsächlich Schriftsteller, Künstler und Aristokraten. Ein Beruf am Rande des Sensationellen stellt einen Magnet dar für Menschen, die Hilfe benötigten und sich von allem Unorthodoxen und Mysteriösen angezogen fühlen.« *Augenblicke*, S. 135. Über Pierre Klossowski findet sie Zugang zum Kreis der Surrealisten, siehe Anmerkung zu Brief Nr. 30.
Buch über Achim von Arnim – Arnim, Achim v.: »Mir ist zu licht zum Schlafen«, Gedichte, Prosa, Aufsätze, Stücke, Briefe nebst einigen Kupfern aus der Zeitung für Einsiedler, Gerhard Wolf, Hrsg., Berlin 1983.

14 Charlotte Wolff an Christa Wolf, 9. 3. 84
T: Hs. Original im Archiv Christa Wolfs
»Kindheitsmuster«, jetzt in: *Werke 5*.
über »Zeit« – zum Beispiel: »Wir können die Ereignisse vor unseren Augen erst dann begreifen, wenn sie Vergangenheit geworden sind. Das Nachdenken über Eindrücke geschieht gleichzeitig mit den Eindrücken selbst, was bedeutet, daß die Vergangenheit eine Gegenwart erreicht hat, die niemals stattfand.« *Augenblicke*, S. 215.
»In die Erinnerung drängt sich die Gegenwart ein, und der heutige Tag ist schon der letzte Tag der Vergangenheit. So würden wir uns unauf-

haltsam fremd werden ohne unser Gedächtnis an das, was wir getan haben, an das, was uns zugestoßen ist. Ohne unser Gedächtnis an uns selbst.« *Werke* 5, S. 14.
»Ich weiß nicht was soll es bedeuten« – Heinrich Heine: »Sämtliche Schriften«, Klaus Brigleb, Hrsg., Band 1, München 1968, S. 107.
Helen Hessel – Malerin und Modejournalistin, Frau von Franz Hessel, erste Anlaufstelle Wolffs in Paris: »Helen und ich waren ein merkwürdiges Freundespaar. Immer schon hatte sie auf mich eine große Anziehungskraft ausgeübt, aber gleichzeitig hatte ich Angst, plötzlich von ihr zurückgewiesen zu werden. Ihre Freundschaft, ihr Bedürfnis, mich zu sehen, waren der Fels in der Brandung, an den ich mich klammerte. Ihr jetzt 14jähriger Sohn Paul umarmte mich mit der gleichen Spontaneität wie seine Mutter.« *Augenblicke*, S. 129.
Johanna Elberskirchen – Wolff meint womöglich Elberskirchens »Was hat der Mann aus Weib, Kind und – sich gemacht? Revolution und Erlösung des Weibes«, Leipzig 1904 oder »Die Liebe des dritten Geschlechts. Homosexualität, eine bisexuelle Varietät / keine Entartung – keine Schuld«, Leipzig 1904. Einen Überblick über Leben und Werk Elberskirchens gibt: Oellers, Norbert: »Die Bonner Schriftstellerin Johanna Elberskirchen – von der Zeit verschluckt?«, in: Bonn und das Rheinland. Festschrift für Dietrich Höroldt. Manfred Rey und Norbert Schloßmacher, Hrsg., Bonn 1992, S. 527–544.
Vicking Eggeling – s. Brief Nr. 12.
Haus Richter – Hans Richter, 1929–1990, war zeitweise enger Mitarbeiter Eggelings bei der Suche nach einem neuen künstlerischen Filmkonzept.

15 Christa Wolf an Charlotte Wolff, 22. 3. 84
T: Hs. Original (Briefkarte) im Archiv der BPS

16 Christa Wolf an Charlotte Wolf, 19. 4. 84
T: Hs. Original (Postkarte: Detail von Botticellis »Frühling«) im Archiv der BPS

17 Charlotte Wolf an Christa Wolf, 6. 5. 84
T: Hs. Original im Archiv Christa Wolfs
Essai on Bettina Brentano – »Nun ja! Das nächste Leben geht aber heute an. Ein Brief über die Bettine«; jetzt in: *Werke* 6.

Drei wichtigen Büchern –
Arnim, Achim v.: »Mir ist zu licht zum Schlafen«, Gedichte, Prosa, Aufsätze, Stücke, Briefe nebst einigen Kupfern aus der Zeitung für Einsiedler, Gerhard Wolf, Hrsg., Berlin 1983.
Kleist, Ewald Christian v.: »Ihn foltert Schwermut, weil er lebt«, Sämtliche Werke und ausgewählte Briefe, Gerhard Wolf, Hrsg., Berlin 1982.
Karsch, Anna Luise: »Oh, mir entwischt nichts, was die Menschen fühlen«, Gedichte, Briefe und Zeugnisse von Zeitgenossen, Gerhard Wolf, Hrsg., Berlin 1981.

18 CHRISTA WOLF AN CHARLOTTE WOLFF, 17. 5. 84
T: Ms. Original m. U. im Archiv der BPS (Durchschlag im Archiv Christa Wolfs)

19 CHARLOTTE WOLFF AN CHRISTA WOLF, 20. 5. 84
T: Hs. Original im Archiv Christa Wolfs

20 CHRISTA WOLF AN CHARLOTTE WOLFF, 1. 7. 84
T: Hs. Original (Briefkarte) im Archiv der BPS
Haus in Mecklenburg – ein altes Pfarrhaus in Woserin, siehe Brief Nr. 25.

21 CHARLOTTE WOLFF AN CHRISTA WOLF, 6. 7. 84
T: Hs. Original im Archiv Christa Wolfs

22 CHARLOTTE WOLF AN CHRISTA WOLF, 11. 7. 84
T: Hs. Original im Archiv Christa Wolfs
Ursula Owen – Mitbegründerin von *Virago*, später kulturpolitische Beraterin der Labour Partei und Cheflektorin der Zeitschrift »Index on Censorship«.
Carmen Callil – Mitbegründerin von *Vigaro*.
an einem Buch – »Fathers. Reflections by daughters«, Ursula Owen, Hrsg., London 1983.

23 CHRISTA WOLF AN CHARLOTTE WOLFF, 1. 8. 84
T: Hs. Original im Archiv der BPS

24 CHARLOTTE WOLFF AN CHRISTA WOLF, 15. 8. 84
T: Hs. Original im Archiv Christa Wolfs

Jeanne Neveu – Jeanne Neveux, geb. Nys, verheiratet mit dem Schriftsteller Georges Neveux.
»Les Anglais aiment – Les Anglais aiment le courant d'air: Die Engländer lieben den Luftzug.
Elizabeth Sprigge's – Wolff meint wahrscheinlich die Bemerkung »›The important thing, she insists, is that you must have deep down as the deepest thing in you a sense of equality.‹« Sprigge, Elizabeth: »Gertrude Stein. Her Life and Work«, New York 1957, S. 112.

25 Christa Wolf an Charlotte Wolff, 1. 9. 84
T: Ms. Original (u. 1/2 Seite hs. Anhang) m.U. im Archiv der BPS
Dr. Leitner heißt – Werke 5, ab S. 117.
Festvortrag – »Krankheit und Liebesentzug. Fragen an die psychosomatische Medizin«, jetzt in: *Werke 8*, S. 410. Die Tagung der Arbeitsgruppe fand am 1./2. 11. 84 in Magdeburg statt.

26 Charlotte Wolff an Christa Wolf, 15. 9. 84
T: Hs. Original im Archiv Christa Wolfs
Deine Dr. Leitner Erlebnisse – Werke 5, ab S. 117.
Nelly's Sehen – Werke 5, S. 236f.

27 Charlotte Wolff an Christa Wolf, 18. 10. 84
T: Hs. Original im Archiv Christa Wolfs

28 Christa Wolf an Charlotte Wolff, 24. 11. 84
T: Hs. Original im Archiv der BPS

29 Charlotte Wolff an Christa Wolf, 1. 12. 84
T: Hs. Original im Archiv Christa Wolfs
»The Golden Journey to Samarkand« – »The Collected Poems of James Elroy Flecker«, London 1947, S. 90.

30 Charlotte Wolff an Christa Wolf, 2. 1. 85
T: Hs. Original im Archiv Christa Wolfs
5. November – Guy Fawkes Day, Feier zur Verhinderung des Anschlags auf die Parlamentsgebäude 1605.
Gerhard's Buch – Bettina von Arnim: »Die Sehnsucht hat allemal Recht«, Gerhard Wolf, Hrsg., Berlin 1984.

»And age has no domination ...« – Charlotte Wolf: »Magnus Hirschfeld. A Portrait of a Pioneer in Sexology«, London 1986, S. 413.
deutsche Übersetzung – »Innenwelt und Außenwelt. Autobiographie eines Bewußtseins«, München 1971.
Ravel Impression – das Titelbild zeigt einen Abdruck der linken Hand Maurice Ravels, der in der Zeitschrift der französischen Surrealisten, Minotaure 1935 innerhalb des Artikels »Les Révélations psychiques de la Main) erschien (Paris, Nr. 6, S. 41). Nach allgemeinen Bemerkungen heißt es zu den Händen Ravels: »Cette main est une main de Lune (le mont de Lune détermine le rythme de la vie et de l'œuvre). Le doigt de Mercure, recourbé en arrière indique une sensibilité auditive particulière et sa forme de spatule révèle la maîtrise créatrice de ce domaine. L'hyperémotivité de Ravel se détend dans la création, laquelle reste sous le contrôle rigoureux de la conscience et d'une autocritique sévère.«
Journey to Samarkand – siehe Nr. 29.

31 Christa Wolf an Charlotte Wolff, 6. 2. 85
T: Hs. Original im Archiv der BPS

32 Charlotte Wolff an Christa Wolf, 12. 2. 85
T: Hs. Original im Archiv Christa Wolfs
»The only reality« – »On the Way to Myself«, S. 230, dt.: »Die einzige Wirklichkeit, die wir erkennen können, ist die Wirklichkeit der Selbst-Erkenntnis«. Charlotte Wolff, »Innenwelt«, a.a.O., S. 252.

33 Christa Wolf an Charlotte Wolff, 22. 2. 85
T: Ms. Original m.U. im Archiv der BPS
Beitrag – siehe Brief Nr. 25.

34 Charlotte Wolff an Christa Wolf, 10. 4. 85
T: Hs. Original im Archiv Christa Wolfs
die Seiten 257–259 – siehe als entsprechende Stelle aus dem Vortrag zum Beispiel *Werke 8*, S. 413 f.

35 Christa Wolf an Charlotte Wolff, 22. 4. 85
T: Hs. Original (Postkarte: Photographie Michel Charles, 1980) im Archiv der BPS

36 CHARLOTTE WOLFF AN CHRISTA WOLF, 1. 5. 85
T: Hs. Original im Archiv Christa Wolfs
Bibliographie – die Stelle, an der Christa Wolf ausdrücklich genannt wird, lautet: »Much of his wisdom and unusual insights resulted, in fact, from his ›divided‹ Self. The charisma he undoubtedly possessed for many people was a product of paradoxes in his make-up. The paradoxical personality is the one who is the natural clairvoyant, or, as Christa Wolf expressed it, ›hellhörig‹.« Charlotte Wolff: »Magnus Hirschfeld«, a.a.O., S. 184f.

37 CHRISTA WOLF AN CHARLOTTE WOLFF, 22. 5. 85
T: Ms. Original im Archiv der BPS (Durchschlag im Archiv Christa Wolfs)

38 CHARLOTTE WOLFF AN CHRISTA WOLF, 26. 5. 85
T: Hs. Original im Archiv Christa Wolfs

39 CHRISTA WOLF AN CHARLOTTE WOLFF, 12. 6. 85
T: Hs. Original im Archiv der BPS

40 CHARLOTTE WOLFF AN CHRISTA WOLF, 25. 6. 85
T: Hs. Original im Archiv Christa Wolfs

41 CHRISTA WOLF AN CHARLOTTE WOLFF, 18. 7. 85
T: Hs. Original (Postkarte: Paul Klee, »Roter Ballon«, 1922) im Archiv der BPS

42 CHARLOTTE WOLFF AN CHRISTA WOLF, 23. 7. 85
T: Hs. Original (Briefkarte) im Archiv Christa Wolfs

43 CHRISTA WOLF AN CHARLOTTE WOLFF, 15. 8. 85
T: Hs. Original (Postkarte: Hannah Höch, »Konstruktion mit Blau«, 1919) im Archiv der BPS

44 CHARLOTTE WOLFF AN CHRISTA WOLF, [vor 11. 9. 85]
T: Hs. Original (Postkarte) im Archiv Christa Wolfs

45 Christa Wolf an Charlotte Wolff, 11. 9. 85
T: Hs. Original (Briefkarte) im Archiv der BPS
Exil-Problematik – daraus wird der Aufsatz »Transit. Ortschaften« zu Anna Seghers' Roman »Transit« entstehen, jetzt in *Werke 8*, S. 453.

46 Charlotte Wolff an Christa Wolf, 14. 9. 85
T: Hs. Original (Postkarte) im Archiv Christa Wolfs

47 Charlotte Wolff an Christa Wolf, 20. 10. 85
T: Hs. Original (Postkarte) im Archiv Christa Wolfs

48 Christa Wolf an Charlotte Wolff, 3. 11. 85
T: Hs. Original (Briefkarte) im Archiv der BPS

49 Christa Wolf an Charlotte Wolff, 2. 12. 85
T: Hs. Original (drei Briefkarten) im Archiv der BPS
Goethe-Wort – »Wir wollen die Umwälzungen nicht wünschen, die in Deutschland klassische Werke vorbereiten könnten.« Johann Wolfgang Goethe: »Literarischer Sansculottismus«, in: Werke, Band XII, Hamburg 1953, S. 241. Christa Wolf zitiert das ›Goethe-Wort‹ auch in »Der Schatten eines Traumes«, *Werke 6*, S. 114.

50 Charlotte Wolff an Christa Wolf, 8. 12. 85
T: Hs. Original im Archiv Christa Wolfs

51 Christa Wolf an Charlotte Wolff, zum Jahreswechsel 86
T: Hs. Original im Archiv der BPS

52 Charlotte Wolff an Christa Wolf, 6. 1. 86
T: Hs. Original (Briefkarte) im Archiv Christa Wolfs

53 Christa Wolf an Charlotte Wolff, 24. 1. 86
T: Ms. Original m. U. im Archiv der BPS

54 Charlotte Wolff an Christa Wolf, 5. 2. 86
T: Ms. Original m.U. im Archiv Christa Wolfs
Sammelbuch über Hirschfeld – aus dem Vorhaben wurde »Homosexualität. Handbuch der Theorie- und Forschungsgeschichte«, Rüdiger Laut-

mann, Hrsg., Frankfurt a.M., New York 1993. Das Buch ist »dem Andenken zweier bedeutender Menschen [gewidmet], die ihre für dieses Buch verabredeten Artikel nicht mehr schreiben konnten«, Michael Pollock und Charlotte Wolff.
anzunehmen – Schreibfehler Wolffs, muß heißen: zu schreiben

55 Christa Wolf an Charlotte Wolff, 15. 3. 86
T: Hs. Original (Postkarte) im Archiv der BPS

56 Charlotte Wolff an Christa Wolf, 15. 3. 86
T: Hs. Original (Postkarte) im Archiv Christa Wolfs

57 Charlotte Wolff an Christa Wolf, 5. 4. 86
T: Hs. Original (Postkarte) im Archiv Christa Wolfs

58 Christa Wolf an Charlotte Wolff, 9. 4. 86
T: Hs. Original (zwei Postkarten: 750 Jahre Woserin) im Archiv der BPS
»Kassandra« verfilmen – ein Projekt, das in frühem Stadium gescheitert ist.

59 Christa Wolf an Charlotte Wolf, 15. 4. 86
T: Telegramm im Archiv der BPS

60 Charlotte Wolff an Christa Wolf, 17. 4. 86
T: Hs. Original im Archiv Christa Wolfs

61 Christa Wolf an Charlotte Wolff, 23. 4. 86
T: Hs. Original im Archiv der BPS

62 Charlotte Wolff an Christa Wolf, 15. 5. 86
T: Hs. Original (Postkarte) im Archiv Christa Wolfs
Essais von Dir und Gerhard – Christa Wolf, Gerhard Wolf: »Ins Ungebundene gehet eine Sehnsucht«, Berlin, Weimar 1985.

63 Christa Wolf an Charlotte Wolff, 19. 6. 86
T: Hs. Original (Postkarte: Delphi) im Archiv der BPS

64 Charlotte Wolff an Christa Wolf, 3. 8. 86
T: Hs. Original im Archiv Christa Wolfs
»Observer« – John Gross: »Guru of the gays«, The Observer, 3. August 1986.

65 Christa Wolf an Charlotte Wolff, 8. 8. 86
T: Ms. Original m. U. im Archiv der BPS

66 Charlotte Wolff an Christa Wolf, 17. 8. 86
T: Ms. Original mit hs. Zusätzen im Archiv Christa Wolfs
Helene Stöcker – 1869–1943, Frauenrechtlerin und Sexualrefomerin.
Minna Cauer – 1841–1922, Frauenrechtlerin und Publizistin (u. a. Herausgeberin der Zeitschrift »Die Frauenbewegung«, Autorin von »Die Frau im 19. Jahrhundert«).
Ellen Key – 1849–1926, schwedische Lehrerin, Frauenrechtlerin, Schriftstellerin, Autorin von »Das Jahrhundert des Kindes«.
sozialen Pionier – Einleitend zum Kapitel »The Sociological Reformer« der Biographie heißt es: »Hirschfeld's pioneer work in sexology, with particular emphasis on homosexuality, has been mainly responsible for the mark he made in psychosexual history. But his lasting importance, in my view, lies in his *sociological* pioneering, and I have no doubt that the foundation of the Scientific-humanitarian Committee was one of his greatest achievements. When he founded it in 1897, he had already started to practise *social medicine* within the framework of social science. His early research into the effects of alcoholism on the individual and society, his Hausarztkasse for poor patients, and his proposition for a health service incorporated into a *real* welfare state, make him a sociologist *par excellence.*« Wolff, »Magnus Hirschfeld«, a. a. O., S. 209.

67 Charlotte Wolff an Christa Wolf, 18. 8. 86
T: Hs. Original im Archiv Christa Wolfs
24 *Jahrbücher* – Jahrbuch für sexuelle Zwischenstufen, Leipzig 1899 ff.
Zeitschrift für Sexualwissenschaft – Leipzig 1908.
Häckel – Ernst Häckel, 1834–1919, Biologe und Naturphilosoph, Verfechter der Theorien Darwins.
Ischlondski – Naum Efimowitsch Ischlondsky, Hirnforscher.

Charlotte Wolff starb am 12. September 86.

Bibliographie der Werke Charlotte Wolffs

1936 *Studies in Hand-Reading*, London.

1942 *The Human Hand*, London.
Dt.: *Die Hand des Menschen*, Weilheim/Obb 1970.
Die Hand als Spiegel der Psyche: wissenschaftliche Handdeutung, Bern u.a. 1983
Die Hand als Spiegel der Seele: Handdeutung aus physiologischer und psychologischer Sicht, Reinbek bei Hamburg 1986.

1945 *A Psychology of Gesture*, London.

1951 *The Hand in Psychological Diagnosis*, London.

1969 *On the Way to Myself. Communications to a Friend*, London.
Dt.: *Innenwelt und Außenwelt*, München 1971.

1971 *Love Between Women*, London.
Dt.: *Psychologie der lesbischen Liebe: eine empirische Studie der weiblichen Homosexualität*, Reinbek bei Hamburg 1973.

1976 *An Older Love*, London.
Dt.: *Flickwerk*, München 1977.
Späte Liebe, München 2003.

1977 *Bisexuality: a Study*, London.
Dt.: *Bisexualität*, Frankfurt am Main 1979 und 1981 (TB).

1980 *Hindsight*, London.
Dt.: *Augenblicke verändern uns mehr als die Zeit*, Weinheim 1982, Frankfurt 1986 und Pfungstadt 2003.

1986 *Magnus Hirschfeld: A Portrait of a Pioneer in Sexology*, London.

Bildnachweis

S. 32/33 Ansichten von Wiepersdorf
Mit freundlicher Genehmigung des Künstlerhauses Wiepersdorf

S. 85 Charlotte Wolff, Fotograf unbekannt, freundlicherweise zur Verfügung gestellt von Rainer Pabst-Wolter

S. 86 Charlotte Wolff, gesehen von Vera Scott, im Archiv der British Psychological Society, Centre for the History of Psychology, Staffordshire University, London

S. 87, o. Charlotte Wolff, gesehen von Man Ray, © Man Ray Trust, Paris / VG Bild-Kunst, Bonn 2003

S. 87, u. Charlotte Wolff, © Edeltraud Lemke-Veidt, im Archiv der British Psychological Society, Centre for the History of Psychology, Staffordshire University, London

Nachweis für die Postkartenmotive siehe bei den jeweiligen Anmerkungen.

Herzlicher Dank an den Leiter der British Psychological Society am Centre for the History of Psychology, Graham Richards, für die freundliche Überlassung der Fotografien Charlotte Wolffs und der Briefe Christa Wolfs.